KB263318

下

무문관 용맹정진 일기 14

무문관 수행 일기와 함께 보는
無― 우학 스님의 무문관 강론

무문(하)

도서출판 좋은인연

무문관 수행 일기와 함께 보는

無一 우학 스님의 無門關 강론

무문관 수행일기,
無門을 내면서

‘무문관’이란, 무문 혜개 스님의 책 제목이기도 하지만 특수선방인 폐문 수행처를 일컫기도 한다. 본 편역자는 서기 2013년 4월 보름부터 2016년 정월 보름까지, 제1차 청정결사의 명분 아래 대중 8명과 함께 무일선원 무문관에서 정진하였다. 약 천 일간의 과정을 소상하게 쓴 ‘무문관 일기’를 낸 바도 있다. 그리고 TBC의 공력으로 ‘무문관’이란 영화가 나와서 다큐멘터리 부문에서 큰 반향을 불러일으켰다.

지금, 소납은 2019년 정월 보름에 회향하는 제2차 천일 청정결사의 대중들과 함께 반폐문의 수행 생활을 하고 있다. 물론, 연이어 제3차 천일 청정결사도 계획하고 있다.

본 원고의 번역과 강론 부분은 제1차 천일청정결사 이전에 쓴 것이고, 각 칙마다 나오는 두어 편의 일기 내용은 서기 2018년의 한 기간에 쓴 것이다. 일기를 쓰면서 번역과 강론을 다시 읽어 보니 내용상 큰 하자가 없어, 편역자로서는 만족을 느끼는 바이니 독자들의 깊은 사색을 바라 마지 않는다.

무문관 정진 중에 '無一(무일)의 悟道(오도) 체계'를 세운 바가 있는데, 이것이 선어록을 읽고 정신세계를 확립함에 도움이 될 것 같아 간단한 도표로 소개한다.

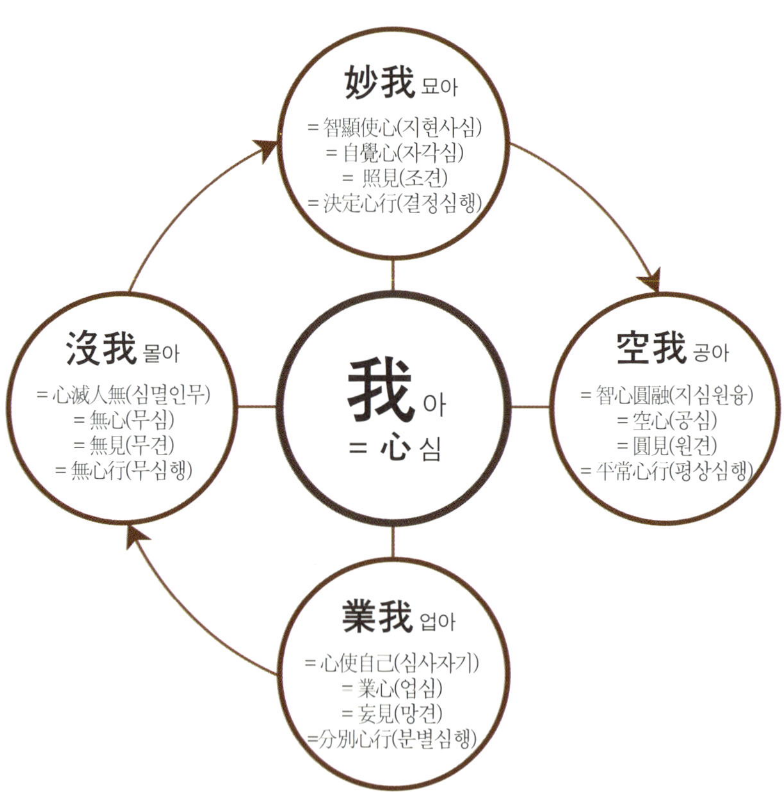

각설하고, 무문관 수행자의 견성성불(見性成佛)을 간절히 발원하면서, 무일선원 무문관을 후원하여 주시는 천수천안단(선방후원회) 회원 여러분에게 깊은 감사의 말씀을 올립니다. 여러분의 후원 덕분에 한국불교의 자긍심이 될 세계명상센터가 해변힐링마을 준공을 끝으로 완성 단계에 이르렀음을 알려드립니다.

감사합니다.

불기 2562년 8월 삼복염천에
한국불교대학 大관음사 無一선원 무문관에서

會主 無一 우학 합장

차례

머리말

차례

下

차례

上

제1칙

趙州狗子, 조주 큰스님의 무자 화두

제2칙

百丈野狐, 백장 큰스님과 여우 이야기

제3칙

俱胝竪指, 구지 큰스님 손가락을 세우다

제4칙

胡子無鬚, 달마대사는 수염이 없다

차례

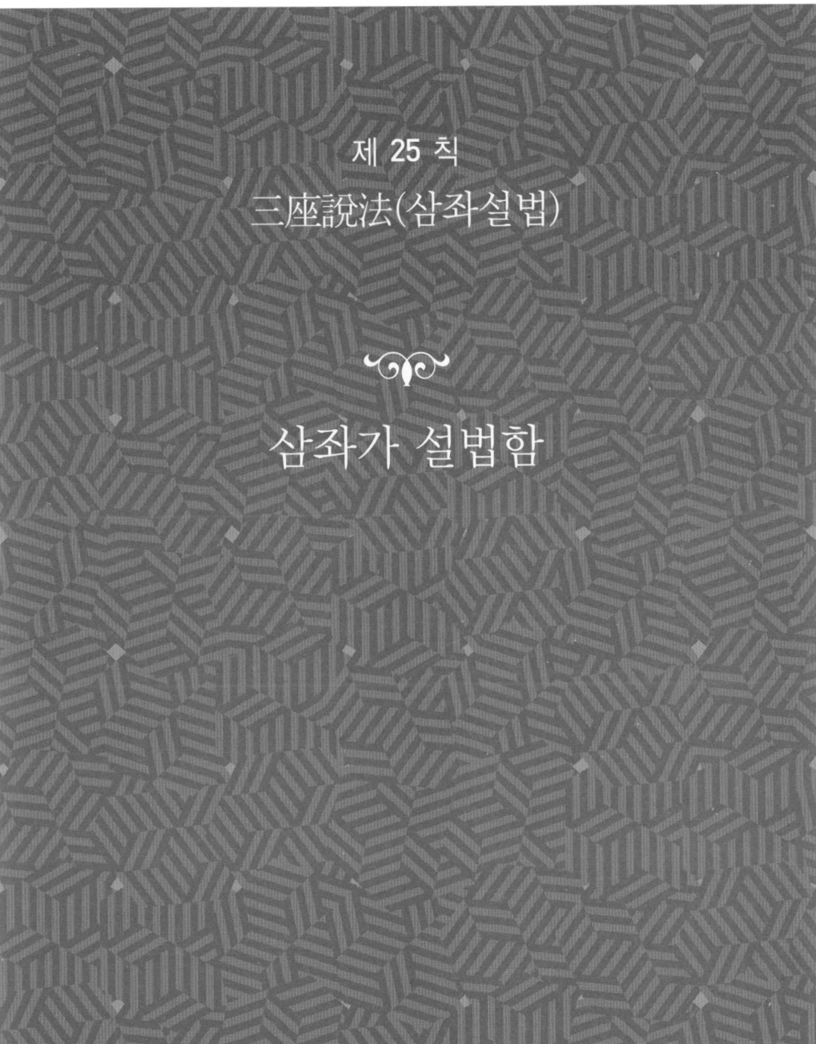

제 25 칙

三座說法(삼좌설법)

삼좌가 설법함

가. 본칙(本則)

仰山和尙, 夢見往彌勒所, 安第三座. 有一尊者, 白槌云, 今日當第三座說法. 山乃起白槌云, 摩訶衍法, 離四句, 絶百非, 諦聽諦聽.

앙산(仰山) 큰스님은 꿈에 미륵 보살의 처소에 가서 세 번째 자리에 앉았다.

그때 한 존자(尊者)가 추(槌)를 울리고 말하였다.

"오늘은 세 번째에 앉은 사람이 설법을 해야 할 차례입니다."

그러자 앙산 큰스님이 일어나 추를 울리고 말했다.

"대승의 법은 4구(四句)를 떠나고 100비(百非)를 끊는 것이니 똑똑히 들으시오. 똑똑히 들으시오."

나. 평창(評唱) 및 송(頌)

無門曰, 且道, 是說法不說法, 開口卽失, 閉口又喪. 不開不閉, 十萬八千.

말해보라. 이것은 설법을 한 것인가, 하지 않은 것인가? 입을 열면 바로 잃고, 입을 다물어도 또한 목숨을 잃는다. 입을 열지 않아도, 입을 다물지 않아도 십만 팔천 리 멀어진다.

頌曰. 白日青天, 夢中說夢. 捏怪捏怪, 誑諕一衆.

무문 스님이 다시 게송으로 말하였다.
　　"맑은 날 푸른 하늘,
　　꿈속에서 꿈을 말하네.
　　괴이하고 또 괴이하여라.
　　한 산의 대중을 속이는구나."

다. 무일강론(無一講論)

참으로 꿈속에서 꿈 이야기를 하고 있다. 하지 않아도 될 이야기를 4구니, 100비니 하는 유식한 언어로 둘러친다.

장수라는 사람이 꿈에 나비가 되어 공중을 훨훨 날아다녔다. 그러면 장수가 나비인가, 나비가 장수인가? 나비와 본인 스스로를 분간 못하였다고 장수가 꿈 얘기를 한 적이 있다. 나비와 자기가 한 몸이 될 때 꿈이니 생시니 하는 구분은 없어진다. 나비와 한 몸이 되어버려야 한다. 나비라는 것도 없어질 때 온 천지는 나비가 된다.

진리와 하나 되고 주객이 하나 되는 자리에 들어가는 교학적 가르침이 4구 100비이다. 위대한 선사들이 4구 100비를 들먹거리는 것은 선(禪)과 교(敎)의 근본자리가 한바탕임을 증명하는 일이 된다. 즉, 4구를 여의고 100비를 끊으면 공(空)의 자리에 들어서고 마침내 자성불(自性佛)이 스스로의 모습을 드러낸다. 그렇다면 4구 100비가 구체적으로 무엇인가?

4구는 일(一), 이(異), 유(有), 무(無)의 네 가지 범주를 말한다.

100비는 일(一), 이(異), 유(有), 무(無)에 대해서 부정하는 것인데 백 가지가 되는 것은 이러하다. 우선, 같다(一)는 것에 대해 '실제 같다는 것이 아니고, 같지 않다는 것도 아니며, 같지도 않고 같지 않은 것도 아니고, 같지 않고 같지 않은 것도 아니다는 것도 아니다.' 하고 부정한다.

즉, 네 번의 부정하는 방법을 쓰는데 이와 같이 나머지 이(異), 유(有), 무(無)를 적용하면 도합 열여섯 번이 된다. 이 열여섯 번 부정을 과거, 현재, 미래로 곱하면 마흔 여덟 가지의 경우가 된다. 이를 다시 이미 부정한 것과 아직 부정하지 않은 것으로 계산하면 아흔여섯 번이 된다. 여기에 맨 처음 부정을 제공한 4구를 합하면 100비가 된다. 앙산 큰스님이 '똑똑히 들으시오.' 하고 말한 것은 교학적 언어를 빌려 선의 요체를 바로 드러낸 모습이다. 즉, 언어를 초월하여 단박에 깨쳐 보라는 주문이다.

꿈속에서조차 이런 가르침을 내렸다는 것은 참으로 대단한 일이다.

4구를 떠나고 100비를 끊는다는 말은 일체의 인식론적인 분별을 떠나 참된 공에 들어간다는 의미이다. 공의 자리는 언어도단(言語道斷)하고 심행처멸(心行處滅)하므로 일찍이 나지도 않았고 죽지도 않았다. 더 이상 할 말이 없다. 계합하는 일만 남았다. 대승법의 요지이며 반야, 공사상의 핵심인 4구 100비는 어떤 수단, 방법을 동원하여도 그것은 피상적인 설명일 뿐이다. 스스로 터득하지 않으면 다 남의 살림살이이다.

무문관일기

제25칙(1) | 2018. 6. 8 금요일

이념 논쟁은 참으로 허망하다. 이념을 내세운 무지혜의 신념들이 민족을 편 가르기 하고 국가를 난장판으로 만들었다. 이제는 전쟁이 없는 평화만이 답이다.

오늘은 시장, 도지사, 구청장 및 시의원, 구의원을 뽑는 사전 지방선거일이다. 보수니 진보니 하는 말로 헛짓거리를 하면 국가와 민족의 장래는 끝이다.

나는 점심공양 시간에 잠시, 상좌들을 상대로 바른 국가관과 더불어 우리 대구가 어느 방향으로 가야 하는지에 대해 언급하였다. 그리고 이미, 그저께 나는 주보에는 부목해거(浮木海去)라는, 내가 만든 사자성어를 올리면서 의식을 일깨우는 헤드라인 법문을 한 바 있다. 아무리 수행자라 하더라도 현실을 외면할 수는 없다. 현실을 떠난 열반은 연목구어(緣木求魚)일 뿐이다. 몇몇 대중들과 사전선거를 하고 나오면서, 더 이상 대구가 4구(四句) 백비(百非)의 놀림거리가 되는 도시가 아니길 소참법문하였다.

무문관일기

제25칙(2) | 2018. 6. 8 금요일

아버지도 집안의 장남이었고 어머니 또한 그 집안의 장녀였다. 출가자가 된 이후에도 양가(兩家)에 대한 미안한 마음이 늘 있어 왔다. 3년의 무문관 생활 중에 병마가 닥칠 때면 아직 살아계실 어른들을 꼭 찾아뵈야 겠다는 생각이 들었다. 이미 부모님은 돌아가셨으니 큰삼촌과 큰외숙모를 뵙는 일이었다.

참으로 세월은 거침없이 흘렀다. 4구도 떠나고 백비도 끊어진 시간 간격이다. 큰삼촌께서는 치매기가 심해 장조카를 알아보지 못했다. 과거 큰삼촌의 일들을 회상시키며 겨우겨우 말 소재를 이었다. 연세, 78세이시다. 큰외숙모는 혼자 집을 지키고 계셨는데, 그 곱던 얼굴의 흔적이 아직 많이 남았다. 외갓집을 찾을 때면, 반갑게 맞아주시던 외조부 외조모님, 두 어른의 옛 거처가 그대로 있어 잠시 상념에 잠길 수 있었다. 큰외숙모님의 연세는 85세이시다. 두 분 다 오래오래 건강하시기만을 빌 뿐이다. 뵙고 나니 밀린 숙제를 한 기분이다.

제 26 칙

二僧卷簾(이승권렴)

두 스님이 발을 걷어 올리다

가. 본칙(本則)

淸凉大法眼, 因僧齋前上參, 眼以手指簾. 時有二僧, 同去卷簾.
眼曰, 一得一失.

　　청량원의 법안 큰스님에게 점심공양 전에 스님들이 찾아왔다.
법안 큰스님이 손가락으로 발을 가리켰다.
　　그때 두 스님이 함께 일어나 발을 걷어 올렸다. 그러자 법안 큰
스님이 말했다.
　　"하나는 됐지만 하나는 틀렸다."

나. 평창(評唱) 및 송(頌)

無門曰. 且道, 是誰得誰失. 若向者裏著得一隻眼, 便知淸凉國師
敗闕處. 然雖如是, 切忌向得失裏商量.

　　자, 말해보라. 누가 옳고 누가 그른 것인지를.
　　만일 여기에서 바른 안목을 가지고 볼 수 있다면, 곧 청량 국사
가 어디서 잘못했는가를 알 수 있을 것이다.

비록 그와 같다 할지라도, '누가 됐고, 누가 틀렸다.'라고 분별
하여 헤아려서는 안 된다.

頌曰. 卷起明明徹太空, 太空猶未合吾宗. 爭似從空都放下, 綿綿
密密不通風.

무문 스님이 다시 게송으로 말하였다.
　　"발을 걷어 올리니 탁 트인 밝은 하늘,
　　그 하늘도 나의 종지에는 맞지 않네.
　　어찌 그 하늘마저 내던져 버리지 않았을까?
　　전혀 빈틈없게 바람도 통하지 않아야 하리."

다. 무일강론(無一講論)

　무문 스님은 득(得)과 실(失)을 초월한 경지에서 이 상황을 보라
고 말한다. 득과 실이라는 차별 세계에서의 사량분별함을 경계하
고 있다. 법안 큰스님이 두 스님의 행동을 보고 득과 실을 논한 것
에 대해서 무문 스님 또한 득, 실을 따지고 있으니 자못 큰일이 아
닐 수 없다.

득과 실이라는 상대적인 차별심을 초월한 정법에 대한 안목 즉, 일척안(一隻眼)의 입장에서는 법안 큰스님의 두 스님에 대한 평가가 문제가 될 성싶다.

무문 스님의 게송에서 보여지는 것처럼 방의 안과 밖을 구분하는 발을 걷어 올리면 바로 밝은 하늘 즉, 허공과 하나가 되어버리는 마당에 무슨 시비(是非)와 선악(善惡)과 득실(得失)의 분별이 있겠는가. 허공 가운데는 텅 비어 한 물건도 없다. 그래서 반야경에서도 일체개공(一切皆空)이라 하였던 것이다. 사실, 절대평등의 세계에서는 그러한 말들조차 용납치 않는다.

즉, 일체 언어적인 흔적과 자취를 용납치 않는다. 아공(我空), 법공(法空)의 그윽한 곳에 들어가면 세상과 하나가 되어 버린다. 전혀 빈틈이 없어서 바람도 통하지 않는다.

여기에서, 만법일여(萬法一如)적인 깨달음의 생활이 펼쳐진다. 이쯤되면 오히려 득실과 시비 등 일체의 차별이 소용된다. 그래서 사사무애(事事無碍)라는 대자유(大自由)의 삶이 펼쳐진다. 이런 각도로 법안 큰스님의 "한 사람은 됐으나 한 사람은 틀렸다."라고 한 말을 이해해야 한다.

이 말씀 자체가 분별 이전의 소식으로 이미 살핀 주감암주(州勘庵主)의 공안과 맥이 같다.

어떠한 간택(揀擇)도 용납치 않아서 상대적 분별을 떠났고, 떠났다는 그 생각마저도 떠난 자리이다. 사구(死句)가 아닌 활구(活句)의 대답을 요구하는 것이 선(禪)의 도리일진댄 얻었다는 생각이 남아 있는 한, 자기 성취에 대한 분별이 있으므로 공부가 덜 되었다. 밝고 깨끗한 경지를 얻었다는 그 마음, 그러한 의식은 자기 스스로를 집착하고 있다는 반증이다. 다시 부언하면, 우리는 공(空)에 이르러야 한다.

그런데 진짜 불법(佛法)은 공이란 것도 없다. 만약 공에 걸리면 완전한 자유인이 못된다. 차별과 평등을 종횡무진 할 수 있어야 한다. 평등에 이르러야 차별을 쓸 수 있고, 차별에 제대로 철저한 사람은 이미 평등을 섭렵하였다.

어느 한쪽만을 고집해서 될 일이 아니다. 차별 속에서 평등을 잊어버리지 않아야 하고, 평등 속에서 차별을 쓸 줄 알아야 무애도인(無碍道人)이라 할 수 있다.

법안 무애도인의 득실에 대한 법문을 무문 스님이 비판하고 있는 듯한 말들은 후학들의 사량분별심을 없애기 위한 방편이지, 큰스님의 법기(法器)에 흠을 내자는 것이 아니다.

두 어른 모두 살활자재한 모습을 보여주고 있다.

무문관일기

　변함없는 사랑으로 내 작은 정원을 지키고 선 꽃이 있다. 백합(百合). 나랑 한 공간에서 호흡한 지 햇수로 6년째이다. 두 달 전인가, 튼실한 다섯 대궁이가 올라오더니, 드디어 대궁이 끝자락마다 꽃을 매달았다. 처음 색깔은 노랗다. 그러다가 하루 지나면, 꽃말처럼 순결의 백색으로 바뀐다. '애초, 왜 꽃 이름을 白合으로 하지 百合으로 하였을까?' 안타까운 심정이다. 꽃향기는 얼마나 진한지 선방 전체가 백합 천지이다. 어젯밤 비를 맞고 선 백합이 청순하더니, 오늘 아침 햇살을 받은 백합은 성숙하다.

　내가 무문관을 사랑하여 딴 데 돌아다니는 것보다, 여기 앉아 있는 이 모습 그대로 스스로 만족되듯이, 백합 또한 무문관 포행마당의 주인으로 오래오래 자리를 지킬 것이다. 발을 걷어 올리면 두 주인의 경계가 무너지고 한 공간에서 자유롭다.

무문관일기

제26칙(2) | 2018. 6. 12 화요일

요즘 사진 찍히기 바쁘다. 신입생 MT 때도 실컷 사진 찍혔다. 그냥 서 있으면 될 일이지만 그렇지도 않다. 혼이 다 빠질 정도다. 사진 찍자고 하는 사람의 성의를 생각한다면 오히려 감사하게 응해야 한다.

저녁에는 무문관 문 열고 대구까지 피사체 자원봉사에 나섰다. 1학년 학생 신도님들의 '무문관' 영화 보는 날이다. 기념이 될 만한지 오늘따라 카메라를 든 사람들도 많았다. 상대가 행복하다면 그게 나의 할 일이라고 본다. 한 보살님이 내 팔짱을 끼다가 질서를 잡는 신도님으로부터 제지를 당하는데, 뭐 그럴 것이 있나 싶다. 어차피 자원봉사로 나서는 마당에, 나로 인해 곤란을 받으니 오히려 송구스럽다.

발을 걷어 올렸으면 그만이지, 가타부타 말들을 많이 하니 발을 차라리 내리는 게 낫겠다.

제 27 칙

不是心佛(불시심불)

마음도 아니요, 부처도 아니다

가. 본칙(本則)

南泉和尙, 因僧問云, 還有不與人說底法麽. 泉云, 有. 僧云, 如何是不與人說底法. 泉云, 不是心, 不是佛, 不是物.

남전(南泉) 큰스님에게 한 스님이 물었다.

"지금까지 사람들에게 설하지 않은 법이 있습니까?"

남전 큰스님이 대답했다.

"있지."

그 스님이 여쭈었다.

"사람들에게 설하지 않았던 법이 무엇입니까?"

남전 큰스님이 대답했다.

"마음(心)도 아니요, 부처(佛)도 아니요, 물건(物)도 아니다."

나. 평창(評唱) 및 송(頌)

無門曰. 南泉被者一問, 直得揣盡家私, 郎當不少.

남전이 이 한 질문을 받고 자기 재산을 모두 다 써버렸다. 아주 형편없는 꼴이 된 것이지.

頌曰. 叮嚀損君德, 無言眞有功. 任從滄海變, 終不爲君通.

　　무문 스님이 다시 게송으로 말하였다.
　　　"정중한 것이 도리어 덕을 손상시키니
　　　말 없음이야말로 참 공덕이로다.
　　　설령 푸른 바다가 뽕밭으로 변하여도
　　　끝내 그대 위해 말하지 않으리."

다. 무일강론(無一講論)

　　선리(禪理)는 교외별전(敎外別傳)이요 불립문자(不立文字)이기 때문에 상대에게 설하지 못하는 법이 있음은 당연하다.
　　진리 당체는 글로 표현할 수 없고, 그림으로도 나타낼 수 없다. 그리고 말로 전달할 수 있는 것도 아니다.
　　남전 큰스님은 마음도 아니요, 부처도 아니요, 물건도 아니라고 분명하게 말씀하셨다. 여기에 대해서 무문 스님은 너무 자상하게 말씀하셨다고 불평한다. 하지 않아도 될 말까지 해서 스스로의 체면을 구겼다고 비판한다. 진리는 말할 필요도 없거니와 다 표현할 수도 없다는 점에서는 남전 큰스님의 말씀이 큰 하자가 있는 것처럼 보이나, 그 또한 가르침의 방편이라는 것을 감안한다면 큰스님의 자비가 한량없으시다는 것을 느끼게 된다. 어쩜, 남전 큰스님으로서는 그저 불시심(不是心), 불시불(不是佛), 불시물(不是物)이라 했을 뿐인데, 무문 스님 같은 후학들이 괜한 시비를 하고 있는지도 모른다. 물론 이 또한 자비의 방편이라 한다면 할 말이 없다.

『금강경(金剛經)』 여법수지분(如法受持分)에 다음과 같은 말씀이 있다.

불설반야바라밀 즉비반야바라밀 시명반야바라밀(佛說般若波羅蜜 卽非般若波羅蜜 是名般若波羅蜜), 즉 부처님이 설하는 반야바라밀이 곧 반야바라밀이 아니라 그 이름이 반야바라밀이라는 뜻이다. 『금강경』의 그 아래 문장에서는 미진(微塵), 세계(世界), 32상(三十二相)을 예를 들면서 똑같은 논리 전개로 즉비(卽非) 사상을 유감없이 드러내고 있다. 즉 중도정견(中道正見)으로 보면 그 당체는 말할 필요도, 말로 표현할 길도 없다는 의미이다.

그렇고 보면, 선(禪)과 교(敎)는 정확히 일치한다는 것을 알 수 있다.

한 대상을 어떤 개념으로 덧씌우면 거기에서 오류가 발생한다.

차차 그 이름을 실재화(實在化)의 대상으로 삼게 된다. 그런데 나중에 돌아보면 본체와는 터무니없이 동떨어져 있음을 자탄한다. 이름이라는 것은 그 순간 만들어진 고정관념이요, 찰나적인 상황 설명일 뿐이다.

마음(心), 부처(佛), 물건(物) 등도 마찬가지이다. 이미 망상과 분별심으로 고착화 될 지경에 이르렀다. 거기에 대해서 "아니다." 라고 하는 단 한마디가 각성을 추구한다. 모든 것을 뒤집어엎고 새로이 출발한다. 그 자리에 본래심이 드러나고 자기 생명력이 살아 숨 쉰다.

개념으로부터 해방되면 그 어떤 경계에도 끄달리지 않는다. 여여(如如)할 뿐이다.

즉비(卽非)의 위대한 힘이다.

무문관일기
제27칙(1) | 2018. 6. 15 금요일

　지난 2012년 절도범에 의해 우리나라로 넘어온 서산 부석사 관세음보살좌상의 소유권을 가리기 위한 항소심 재판에서 재판부가 부석사에 복제품을 제작하는 방안을 제안했다. 일본이 일제강점기에 약탈했던 불상이니 다시 일본으로 보내 한국불교문화의 우수성을 알리는 것이 어떻겠느냐는 재판부 소견이다. 천년만년 지나면 새 불상도 의미가 있고 한국과 일본에 쌍둥이 불상이 생기는 것이니 좋지 않으냐는 설명도 달았다. 여기에 대해 네티즌들의 항의가 빗발쳤다.

　"그건 일제의 식민 지배를 정당화하는 논리와 흡사하다. 일본이 우리나라를 강점하면서 근대화 되었으니 참으로 고맙지 않는가 라는 말과 같다."

　"판사 집안이 친일파 집안이 아니고서는 이런 판결이 나올 리가 없다. 약탈은 일본놈이 먼저 하지 않았는가?"

　"장물은 도둑놈이 갖고 주인은 복제품이라니…."

참으로 마음도 아니다. 또한 부처도 아니다. 그리고 한 물건도
아니다.

무문관일기

제27칙(2) ㅣ 2018. 6. 16 토요일

본인과는 관계없이 진행되는 일이 수두룩하다. 참으로 마음도
소용없고 부처도 소용없다.

"최근 76세로 타계한 영국의 천체물리학자, 스티븐 호킹 박사
의 유해가 15일 영국 런던의 웨스트민스터 사원에 안치됐다. 호킹
박사의 유해는 천재 물리학자 아이작 뉴턴과 진화론의 창시자 찰
스 다윈의 묘 사이에 묻혔다.

'스티븐 호킹 여기에 잠들다'라고 적힌 비석에는 블랙홀의 엔
트로피를 설명하는 호킹박사의 방정식 중 하나가 새겨졌다."

한 신문의 기사 중 일부이다. 댓글에 재미있는 글들이 실렸다.

"결국 그렇게 신을 부정했던 위인들이 모두 교회 앞마당에 묻
히네."

“다 무신론자들인데, 왜 저 사람들은 예배를 통해서 장례를 치르지?”

“철저한 인본주의로 생을 마감했는데 산 사람들이 교회 바닥에 묻어 버렸네.”

“호킹 박사는 분명 신은 없다 라고 했는데, 왜 저 사람들이 저러고 있누???”

제 28 칙

久響龍潭(구향용담)

오랫동안 용담의 소문을 듣다

가. 본칙(本則)

龍潭, 因德山請益抵夜. 潭云, 夜深, 子何不下去. 山遂珍重, 揭簾而出. 見外面黑, 却回云, 外面黑. 潭乃點紙燭度與. 山擬接. 潭便吹滅. 山於此忽然有省. 便作禮. 潭云, 子見箇甚麼道理. 山云, 某甲 從今日去, 不疑天下老和尙舌頭也. 至明日龍潭陞堂云, 可中有箇漢, 牙如劍樹, 口似血盆, 一棒打不回頭, 他時異日, 向孤峰頂上, 立吾道在. 山遂取疏抄, 於法堂前, 將一炬火提起云, 窮諸玄辨, 若一毫致於太虛, 竭世樞機, 似一滴投於巨壑. 將疏抄便燒, 於是禮辭.

용담(龍潭) 큰스님의 처소를 찾아간 덕산(德山) 스님이 큰스님의 법문을 청하여 듣고 참문하는 사이에 밤은 깊어갔다.

용담 큰스님이 말했다.

"밤이 깊었으니 이제 그대는 물러가는 것이 좋겠네."

덕산 스님이 드디어 인사를 올리고 발(簾)을 걷으며 문밖으로 나갔다. 바깥은 온통 칠흑처럼 깜깜했다. 덕산 스님이 이에 돌아와서 말하기를,

"밖이 매우 캄캄합니다."라고 했다.

그러자 용담 큰스님이 지촉(紙燭)에 불을 붙여서 덕산 스님에게 건네주었다. 덕산 스님이 그것을 받으려고 할 때 용담 큰스님이 확 불어서 꺼버렸다. 이에 덕산 스님은 홀연히 깨달은 바가 있어서 큰절로 감사의 인사를 올렸다. 용담 큰스님이 물었다.

"그대는 무슨 도리를 보았는가?"

덕산 스님이 대답하였다.

"저는 오늘 이후로는 천하 노스님들의 말씀을 의심하지 않겠습니다."

그 다음 날 용담 큰스님은 법상에 올라 말했다.

"여기 한 사내가 있어서 이빨은 칼을 세워 놓은 나무와 같고, 그의 입은 피를 담아 놓은 그릇과 같다. 그런 그가 방망이로 한 대 얻어맞고도 뒤도 돌아보지 않는다. 그는 후일 저 우뚝 솟은 정상에서 나의 도(道)를 크게 확립하게 될 것이다."

이에 덕산 스님은 『금강경소초(金剛經疏抄)』를 꺼내 법당 앞에 놓고 불이 붙은 장작개비를 치켜들며 말했다.

"여러 가지 심오한 진리를 파헤쳤다 하더라도 그것은 허공의 한 개 티끌에 불과하다. 또 세상의 모든 진리를 모두 설파했다 하더라도 그것은 깊은 골짜기에 던져진 물방울 하나에 불과하다."

그는 금강경주석서를 모두 불사른 뒤 작별인사를 올렸다.

나. 평창(評唱) 및 송(訟)

無門曰. 德山未出關時, 心憤憤口悱悱, 得得來南方, 要滅却敎外別傳之旨. 及到澧州路上, 問婆子買點心. 婆云, 大德, 車子內是甚麼文字. 山云, 金剛經抄疏. 婆云, 只如經中道, 過去心不可得, 見在心不可得, 未來心不可得, 大德要點那箇心. 德山被者一問, 直得口似匾擔. 然雖如是, 未肯向婆子句下死却. 遂問婆子, 近處有甚麼宗師. 婆云, 五里外有龍潭和尙. 及到龍潭, 納盡敗闕. 可謂是前言不應後語. 龍潭大似憐兒不覺醜, 見他有些子火種, 郎忙將惡水 驀頭一澆澆殺. 冷地看來, 一場好笑.

덕산이 아직 깨치지 못했을 때는 분한 마음 때문에 말이 잘 나오지 않았다.

그는 의기양양하게 남방으로 오며 '교외별전을 주장하는 무리들을 없애 버리고 말 것'이라고 했다. 그가 예주 땅에 이르러 한 노파에게 점심을 주문할 때였다. 노파가 물었다.

"스님의 걸망 속에는 무슨 책이 들어 있습니까?"

덕산이 대답했다.

"금강경 주석서라오."

그러자 노파가 말했다.

"그 경에는 이런 말씀이 있다고 들었습니다. '과거의 마음도 얻을 수 없고 현재의 마음도 얻을 수 없고 미래의 마음도 얻을 수 없다.' 그렇다면 스님께서는 어느 마음에 점을 찍으려 하시는지요?"

덕산은 이 한마디 질문을 받고 말문이 막히고 말았다. 비록 그렇기는 하였지만, 덕산은 이 노파의 한마디 말에 기가 꺾여 버리지는 않았다. 그래서 노파에게 한 마디 더 물어보았다.

"이 근처에 어떤 큰스님이 계십니까?"

노파가 대답했다.

"오 리쯤 밖에 용담 큰스님이 계십니다."

그렇게 하여 덕산은 용담에까지 오게 되어 완전히 패배감을 맛보게 되었다.

덕산이 고향을 떠나올 때는 호언장담했었는데, 용담에서 일어난 일과는 완전히 앞뒤가 맞지 않게 되었다고 할 수 있다. 용담은 아이가 너무 귀여워 자신의 추태도 의식하지 못한 부모처럼, 덕산에게 불씨가 남아있음을 보고 느닷없이 머리에 구정물을 끼얹어 버렸다.

이러한 모습을 냉정히 관찰해보면 이는 한바탕 웃음거리가 아니겠는가?

頌曰. 聞名不如見面, 見面不如聞名. 雖然救得鼻孔, 爭奈瞎却眼睛.

무문 스님이 다시 게송으로 말하였다.
　　"이름 듣기보다는 얼굴을 보는 것이 낫고
　　때론 얼굴보다 이름만 듣는 것이 낫네.
　　설령 콧구멍은 얻었을지는 모르겠지만
　　어찌하랴, 눈알이 멀고 말았으니."

다. 무일강론(無一講論)

　본칙의 제목인 구향용담은 덕산(德山) 스님이 떡 파는 한 노파의 안내로 용담숭신(龍潭崇信) 큰스님을 찾아가서 첫 대면 때 한 말에서 유래된다.
　"오랫동안(久) 용담의 소문(響)을 들어왔는데, 용담에 와보니 못도 없고 용도 없구나."
　즉 덕산 스님이 천하의 용담 큰스님이라는 이름을 듣고 큰스님을 찾아가게 되었고, 그 자리에서 자기 기세를 보여주는 장면이다. 큰스님은 덕산의 법기(法器)가 범상치 않음을 직감적으로 파

악하고 덕담 아닌 덕담을 하였다.

"아— 그대가 이미 용담에 들었네."

용담숭신 스님은 당대의 선승인 천황도오(天皇道吾)의 법을 이었다. 용담 큰스님은 원래 속가에서 떡장수를 하다가 절집 안에 들어왔다. 기연은 이러하다.

천황도오 스님은 당대의 선지식으로서 이름이 있었으나 사람을 통 만나지 않았다. 공양 때면 유독 떡장수의 호떡공양은 받았다. 그런데, 무슨 일로 스님은 매번 10개씩의 호떡을 받으면서 꼭 하나는 도로 떡장수에게 돌려주었다. 떡장수는 그것이 궁금하여 그렇게 하는 까닭을 물었다. 스님의 대답이다.

"내가 그대에게 이렇게 주어서 자손의 공덕을 삼노라."

며칠 후 떡장수는 속 깊은 고민을 털어놓았다.

"스님, 제가 사는 꼴이 분주하기만 합니다. 어찌하면 좋겠습니까?"

스님의 대답이다.

"집에 있으면 감옥이라 옹색하고, 출가하면 자유롭고 넓으리라."

떡장수는 말씀 끝에 바로 출가하여 머리를 깎으니 숭신이라는 법명을 받았다. 용담숭신 큰스님은 훗날 덕산 스님을 제자로 맞게 되는데 여기 '구향용담'의 화두를 낳는 사건이 발생한다.

덕산 스님은 성이 주(周)씨로서 『금강경』에 능통하였으므로 주금강이라 불렸다. 당시 남쪽지방에서는 육조혜능 스님의 영향으로 선풍(禪風)이 크게 일어나 선종(禪宗)이 발달하였다. 교상학(敎相學)이 주류를 이루는 북쪽지방의 대표주자인 덕산 스님은 남쪽 선가(禪家)에서 부르짖고 있는 불립문자, 교외별전이 맘에 들지 않았다. 그래서 손수 쓴 『금강경』의 소초(疏抄)를 걸망에 짊어지고 남쪽 행을 결행하였던 것이다.

'마음이 곧 부처다.'라는 언사 따위에 분한 마음이 일어나 말이 잘 나오지 않았다고 할 정도니 덕산 스님의 정의감도 대단하다. 아무튼 그러한 그의 패기가 위대한 스승, 용담 큰스님을 친견케 한 것이다. 대각(大覺)을 이루는 데는 어떤 식으로든 발심이 있어야 함을 보여주는 좋은 예이다.

아무튼 용담 큰스님으로부터 촛불을 꺼버리는 친절과 은혜를 입고 덕산 스님은 깨달음을 얻었다. 무문 스님의 게송에 보이는 것처럼 덕산 스님은 처음에는 콧등만 높아 으쓱하였다. 그렇지만 용도 못도 보지 못하는 눈뜬 장님이었다.

그 눈을 뜨게 한 사건, 계기가 구향용담의 본론이다.

사방천지가 칠흑 같은 어둠에 덮여 있었는데 온전한 의지처인

촛불이 갑자기 꺼지자 덕산 스님은 한발자국도 움직일 수 없었다.

생사(生死)라는 칠흑 같은 어둠 속에서 덕산 스님의 알량한 지식들은 무용지물이었던 것이다. 그런데 의외였다. 꼼짝도 할 수 없는 크나큰 충격을 받자 오히려 마음이 확 열려 버렸다. 아주 극한 상황에서 전혀 새로운 빛을 본 것이다.

그래선지 덕산 스님은 후일 제자들의 교화방법으로, 생각할 틈도 주지 않고 무지막지하게 몽둥이를 휘두르는 수법을 썼다. 그 유명한 덕산방(德山棒)이다.

실참(實參)만이 살 길이지, 이것저것 헤아려서는 될 일이 아님을 스승으로부터 뼈저리게 느꼈기 때문이다. 불을 확 불어서 꺼버렸는데 어째서 도를 통했는가? 불이 꺼져야 밝아짐을 용담숭신 큰스님은 이미 알고 계셨다.

무문관일기

제28칙(1) | 2018. 6. 18 월요일

　포행장 작은 정원에 먹을 게 더러 있다. 올해 첫물인 방울토마토 맛이 달다. 그리고 6년째 자란 블루베리 맛 또한 일품이다. 해를 거듭할수록 선방 분위기가 익어 가고 있다. 황칠나무가 더욱 훤칠해졌고, 감나무에는 올망졸망 작은 열매들을 달았다. 아픈 배를 위로하던 개똥쑥은 올해도 개체 수가 저절로 많다. 흰머리 까치수염은 군락을 이루며 시선을 끈다. 그리고 목책을 기어오르는 더덕은 이미 선두가 꼭대기에 이르렀다. 큰 쥐는 큰 쥐대로 무엇인가 바쁘고, 어린 쥐들도 분주하게 돌아다닌다. 샛문을 비집고 들어선 이름 모를 새들이 선방을 배회하다 나가면서 방 안에 깃털을 남긴다.

　내 일처럼 불사를 걱정하는 보은회에서 매실 따는 울력을 해주니 오늘따라 사람과 자연이 함께 어울려 아름답다. 둘러앉아 시원하게 마시는 매실차가 무일선원의 품격을 말한다. 밝은 도가 도량에 가득하다.

무문관일기

제28칙(2) | 2018. 6. 20 수요일

러시아 월드컵경기가 한창인 모양이다. 세상과의 소통 창구인 모바일에 월드컵에 대한 기사가 많이 실린다.

박지성 SBS 해설위원이 잉글랜드 맨체스터유나이티드에서 한 솥밥을 먹었던 크리스티아누 호날두(포르투갈)에 대해 이렇게 평가했다.

"호날두는 가장 먼저 연습장에 나타나고, 가장 늦게 연습장을 나간 선수였다. 그 선수의 훈련 양, 그 선수가 어떻게 훈련을 준비하고, 어떻게 훈련하고, 어떻게 생활하는지를 보면, 당연히 저런 선수가 될 수밖에 없다."

호날두는 4골을 몰아치면서 지금까지 이번 대회에서 가장 골을 많이 넣은 선수이다. 댓글에는 그를 칭송하는 내용이 주류였다.

"예전에 어느 축구 전문가가 말하기를 호날두는 헌혈을 하기 위해 문신을 안 하고, 사생활을 즐길 때는 화끈하게 즐기고, 훈련을 할 때는 최선을 다한다고 한다. 그리고 축구팬을 대할 때는 내

팬, 남의 팬을 가리지 않고 대한다.”

“원래 기질도 대단했겠지만 저런 노력을 하고 있으니….”

“예전 맨유 피지컬 코치가 말하기를, 호날두는 루니와는 달리 숙제로 내준 웨이트 운동을 모두 다하고 추가로 본인이 더 많이 한다.”

“끊임없는 노력, 열정, 인간성이 맘에 든다.”

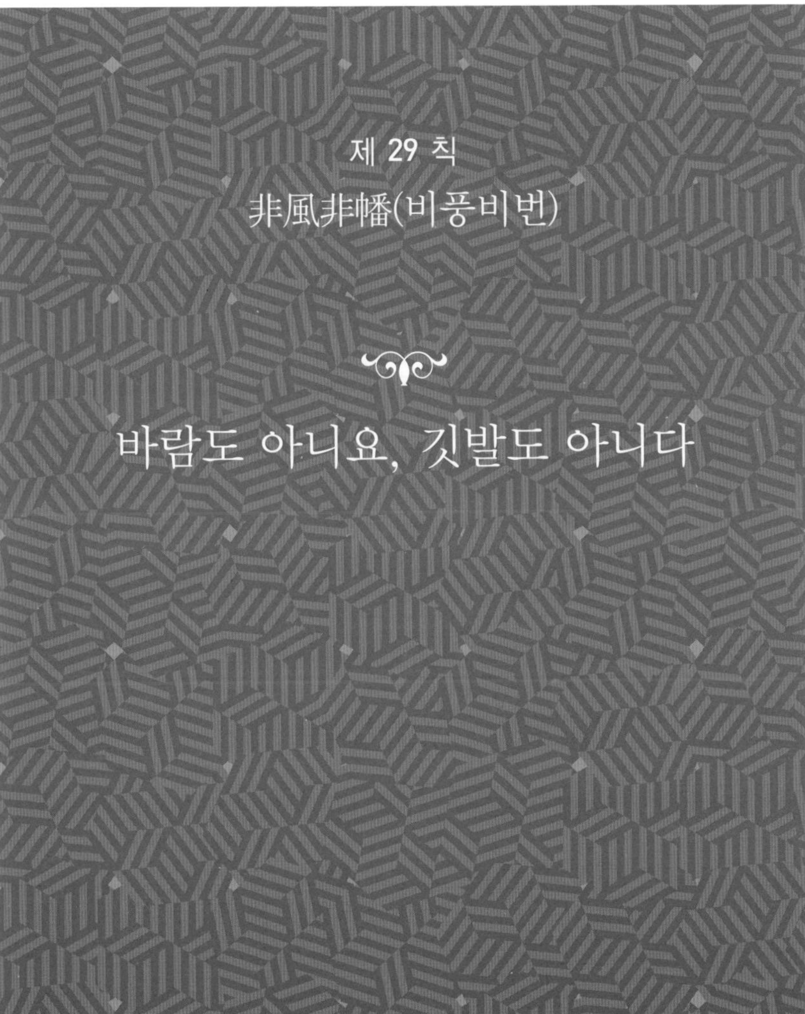
제 29 칙
非風非幡(비풍비번)

바람도 아니요, 깃발도 아니다

가. 본칙(本則)

六祖, 因風颺刹幡, 有二僧對論, 一云, 幡動, 一云, 風動, 往復
曾未契理. 祖云, 不是風動, 不是幡動, 仁者心動. 二僧悚然.

육조 스님 앞에서 두 스님이 바람에 나부끼는 깃발을 보고 서로
다른 주장을 하였다. 한 스님은 깃발이 움직인다고 했고, 또 한 스
님은 바람이 움직인다고 했다. 이치에 맞지 않는 말을 주고받는
것을 보고 육조 스님은 이렇게 말하였다.

"바람이 움직이는 것도 아니고 깃발이 움직이는 것도 아니다.
그대들의 마음이 움직이는 것이다."

이에 두 스님은 놀라워했다.

나. 평창(評唱) 및 송(頌)

無門曰. 不是風動, 不是幡動, 不是心動. 甚處見祖師. 若向者裏
見得親切, 方知二僧買鐵得金. 祖師忍俊不禁, 一場漏逗.

바람이 움직이는 것도 아니요, 깃발이 움직이는 것도 아니다.

또한 마음이 움직이는 것도 아니다. 그렇다면 조사를 어디서 볼 수 있겠는가?

만약 이 속내를 절실하게 알게 된다면 바야흐로 이 두 스님은 철을 샀는데 금을 얻게 되었음을 알게 된 것이다. 그런데 조사는 참지 못하여 한바탕 창피스러운 꼴을 연출한 셈이다.

頌曰. 風幡心動, 一狀領過. 只知開口, 不覺話墮.

무문 스님이 다시 게송으로 말하였다.

"바람과 깃발과 마음이 움직인다고 한 자들
한 장의 영장으로 같은 죄로 끌려 가리.
다만 입을 열 줄만 알았지,
말실수하는 줄은 생각도 못했네."

다. 무일강론(無一講論)

마음이 움직인다는 것은 유심론(唯心論)적 입장이다. 일체유심조(一切唯心造)니 삼계유심(三界唯心)이니, 유식(唯識)이니 하는 말들은 불교 교상(敎相)의 근간을 이룬다. 혜능 역시 문제의 초점을 자신에게 돌린다. 즉, 바람과 깃발 사이의 물리적 관계를 논하지 않고 사물을 인식하는 우리의 의식 즉, 마음에 책임을 던진다. 과연, 일체만물의 움직임이 마음으로부터 비롯된다면 도대체 그 마음은 어떻게 생겼단 말인가.

마음은 분명히 관념이다. 그 누구도 마음을 직접보고 마음을 논하지는 않는다. 이조혜가가 달마대사를 찾아갔을 때 멱심불가득(覓心不可得)이라고 하였다.

저 『금강경』에서도 과거심불가득, 현재심불가득, 미래심불가득이라고 하였다. 그런데 육조 스님이 그대들의 마음이 움직인다고 한 것은 외경(外境)에 사로잡혀 내심(內心)의 주인공을 놓친 것을 탓하는 말이다.

우리가 사물을 인식할 수 있는 것은 인식기관이 존재하고 그 기관이 활동을 하기 때문임은 틀림없다. 인식은 곧 마음이다. 마음 때문에 희로애락이 일어난다. 그런데 그러한 경험 내용이 같은 사건을 두고도 사람마다 서로 다르다. 이는 곧 일체의 삼라만상은 독립성이 없으며 실재하지도 않음을 반증한다. 모든 현상은 우리의 인식주관이 대상을 표상하여 만들어 낸 심연상으로서 존재한다. 객관의 대상은 인식주관과 상관관계를 가진다는 뜻이다. 마음이라고 불리는 인식주관은 스스로의 독자성이 없고 반드시 객관

의 대상에 따라 좌우된다. 즉, 마음은 무자성(無自性)이다. 상의상
관하는 연기의 작용만 있을 뿐 그 아무것도 없다. 따라서 움직이
는 것은 바람도, 깃발도, 마음도 아니다. 여기에 이르러야 모든 분
별이 그친다.

　바람, 깃발, 마음이 없어진 자리는 이론이 필요치 않다. 그저 하
나가 되어버리면 그만이다. 한 덩어리가 되면 객관도, 주관도 없
어진다. 대상과 자기 자신의 구별이 없어져야 진리에 완전히 계합
한 것이 된다. 개구즉착(開口卽錯)이다.

　그래서 혜능 스님 조차도 핀잔을 받고 있는 것이다. 그렇지만
혜능 스님 이상의 인물 또한 없다.

무문관일기

제29칙(1) | 2018. 6. 21 목요일

　'TV채널 조선' 인가 하는 데서, 춘천에 본부를 두고 있는 한 불교단체에 대해서 약 50분 동안 부정적인 보도를 해댔다. 종무소 팀장의 정보 제공으로 잠시 검색을 해보았더니 참으로 가관이다.

　정통의 불교에서 주로 쓰는 전문 용어가 그들의 일상 언어가 되어 있었다. 큰스님이니, 정법이니, 붓다니 하는 말도 그렇고 목련존자, 가섭존자 등의 이름들도 예사로 쓰여 지고 있었다. 특히 교조인지 교주인지라고 하는 사람이 초창기 대한불교조계종의 고급 포교사 출신이라니 아연실색하지 않을 수 없다. 같은 물이라도 뱀이 먹으면 독을 만들고 소가 먹으면 우유를 만든다 하였으나 사바예토의 이러한 무질서는 다소 심하다는 생각이 든다.

　모바일로 뉴스를 보는데, 발음이 변한 축구 용어가 있었다. 드로인이 스로인으로 바뀌었다. 그 말이 그 말이겠지만, 듣는 느낌은 확연히 다르다. 또 금방 적응이 될 테지만, 당장은 바람도 아니요, 깃발도 아니요, 마음도 아니다.

무문관일기

제29칙(2) | 2018. 6. 23 토요일

내가 스스로 쳐 둔 관념이 단단하기 그지없다. 2020년 2월 2일까지는 절대 외국행 비행기를 타지 않고, 병원에 가서 드러눕지 않겠다는 고집이 너무 세어서 이빨이 많이 내려앉았다. 앞쪽의 서너 개 이는 통째로 흔들흔들하다. 혀로 밀어보니 혀의 힘에도 움직인다. 어금니들도 찬물이 닿으면 견디기 힘들 만큼 시린다. 최근에는, 잇몸에 염증까지 생겨 인욕 수행의 강도가 높아졌다.

올해도 감자가 아주 잘 되었다. 절의 대중들과 감자 캐기를 하고 국수 한 그릇을 먹는 데도 이빨이 불편하다. 수박 한 조각 베어먹는 일도 만만찮다. 앞쪽 펜션에서는 오늘따라 노래방 확성기 소리가 장난이 아니다.

마장의 산 높으니, 평화의 들판이 더욱 넓겠다. 어쩌면, 사바의 예토에서는 꼭 감수해야 할 일인지도 모르겠다.

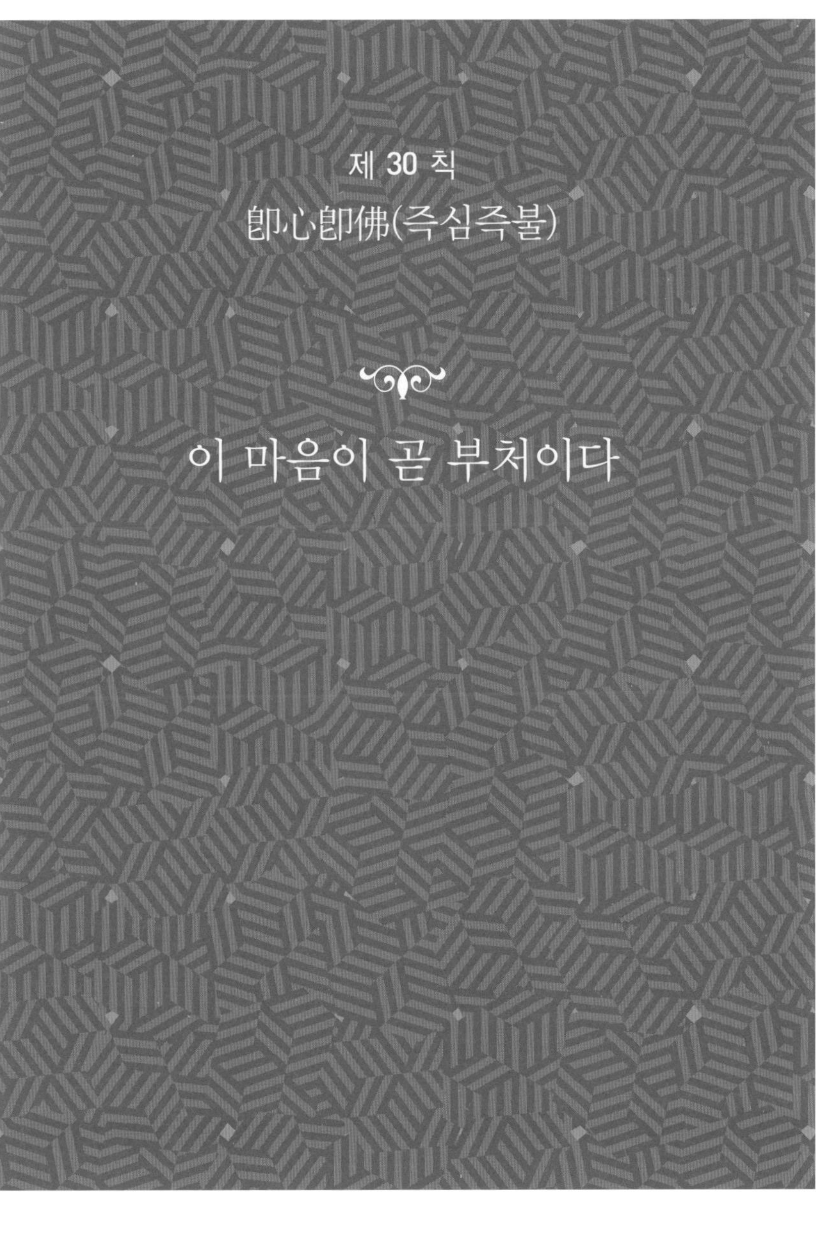

제 30 칙

即心即佛(즉심즉불)

이 마음이 곧 부처이다

가. 본칙(本則)

馬祖, 因大梅問, 如何是佛. 祖云, 卽心卽佛.

마조(馬祖) 큰스님에게 대매(大梅) 스님이 찾아와 여쭈었다.
"무엇이 부처입니까?"
마조 큰스님은 대답했다.
"이 마음이 곧 부처이다."

나. 평창(評唱) 및 송(頌)

無門曰. 若能直下領略得去, 著佛衣, 喫佛飯, 說佛話, 行佛行, 卽是佛也. 然雖如是, 大梅引多少人, 錯認定盤星. 爭知道說箇佛字三日漱口. 若是箇漢, 見說卽心是佛, 掩耳便走.

만일 이 말을 곧바로 이해할 수 있다면, 부처의 옷을 입고 부처의 밥을 먹으며, 부처의 말을 하고, 부처의 행동을 하리니, 그대로 부처이다. 비록 그렇기는 하지만, 대개는 많은 사람들로 하여금 저울의 눈금을 잘못 읽게 했다.

어찌 알리오. 부처라는 말을 하고서 3일간 양치질을 한 사연을.
만약 이 사람이 '이 마음이 곧 부처이다.' 라는 말을 듣는다면 귀
를 막고 도망갈 것이다.

頌曰. 靑天白日, 切忌尋覓. 更問如何, 抱贓叫屈.

무문 스님이 다시 게송으로 말하였다.
　　"푸른 하늘에 빛나는 태양
　　절대 찾아 나서지 말라.
　　더욱이 무엇이냐고 묻는 것은
　　훔친 물건을 껴안고 죄 없다 우기는 일."

다. 무일강론(無一講論)

마조 큰스님에게 어떤 스님이 찾아와 "무엇이 부처입니까?"하
고 여쭈었더니 "이 마음이 곧 부처이다." 라고 대답했다.
그 스님이 다시 "어떻게 해서 이 마음이 곧 부처입니까?" 하고
여쭈었더니 마조 큰스님은 "아기의 울음을 막기 위함이니라."라
고 일침을 놓았다.

그 스님이 또 다시, "아기의 울음이 그칠 때 어떠합니까?"

하고 여쭈니 마조 큰스님은 "마음도 아니고 부처도 아니다."라고 쐐기를 박았다.

그 스님이 또 다시 "이 두 가지 즉, 즉심즉불(卽心卽佛)과 비심비불(非心非佛)을 부정하는 사람이 온다면 어떻게 하시겠습니까?" 하고 여쭈니 마조 큰스님은,

"만약 그러한 사람이 온다면 이 물(物)이 아니라고 대답하리라." 라고 언성을 높였다.

그 스님이 또 다시 "그러면 이 세 가지 다 불문(不問)에 붙이는 사람이 온다면 어떻게 말씀하시겠습니까?"하고 여쭈니 마조 큰스님은, "위의 세 가지를 자유로이 처리할 수 있는 사람이라면 비로소 대도를 체회(體會)한 이라 하겠다."라고 속 시원히 대답하셨다.

본 칙에 등장하는 대매 스님은 '이 마음이 곧 부처이다.' 라는 스승 마조 큰스님의 평소 가르침에서 확철대오하였다. 대매 스님은 그 후 스승을 떠나 명주(明州)의 대매산(大梅山)에서 은거하며 30년간을 지냈다.

스승 마조 큰스님은 한 스님을 보내어 그를 시험하였다.

"마조 큰스님의 교법(敎法)이 요즘 와서 달라졌습니다. 비심비불(非心非佛)이라고 가르칩니다."

이에 대매 스님은 "큰스님이 그러셔도 나는 여전히 즉심즉불(卽心卽佛)을 굳게 믿습니다."라고 하였다.

이런 사실을 알리자 큰스님은 매실이 잘 익었다며 기뻐하셨다. 원래의 법명인 법상(法常)에 대매(大梅)라는 법호가 붙은 것은 이 때부터였다.

현대인들에게 '즉심즉불' 같은 말씀이 진실하게 와 닿지 않은 것은 이미 이런 말씀에 익숙해져서 색 바랜 언어가 되어 버렸기 때문이다. 그래서 이런 화두를 접하더라도 깨치기는커녕 별 느낌이 없는 것이다. 문제의 한계는 여기서 끝나지 않는다.

"무엇이 부처입니까?"하고 물으면 "마음이 부처이다."라고 말들은 잘한다.

부처, 부처라고 하지만 대부분의 사람들은 자기의 고정관념으로, 자기식의 부처를 끌어안고 있다. 주인공이 부처를 상대적으로 알고 있기 때문에, 부처의 생명력이 이 마음 쓰는 순간에 살아 숨 쉰다는 것을 놓친다. 이 마음이 곧 부처라는 사실만 존재할 뿐, 객관화된 이상적이고 권위적인 부처는 없다. 즉, 사람마다 자기 개념으로 덧씌워진 부처를 들먹거리고 있을 뿐이지 진정 참 부처는 알지 못한다는 말이다.

그래서 무문 스님은 도둑놈이 죄의식이 없다고 한 것이다.

무문관일기

卽心卽佛(즉심즉불) 이라고는 하지만 이는 차원이 높은 사람들의 언어이고, 공부가 되지 않은 사람들에게는 십만 팔천 리 먼 애기일 뿐이다. 요즘, 한국불교가 한 공중파 방송의 보도로 쑥대밭이 될 지경이다. 그 상황을 깊이 들여다보면 다 돈과 연관이 되어 있음을 알 수 있다. 돈을 다스리는 것이 아니라 돈 때문에 감당이 안 되니 문제가 생기는 것이다.

청와대에 간다니 한 스님이 말한다.

"스님, 국가에서 불교라는 한 종교에 너무 많은 지원을 합니다. 그 바람에 불교가 자생력을 잃고 쓰러지는 중입니다."

맞는 말이다. 그 종교를 망하게 하려면 국가가 그 종교에 돈을 주라는 말이 있다. 지금 불교는 국가로부터 많은 돈을 받고 있다. 사찰 입장료, 문화재 수리비, 템플스테이 지원금, 방재시스템 지원금, 부처님 오신 날 행사 지원금 등…… 품목도 다양하다.

언젠가 한 수녀님이 말한 적이 있다.

"템플스테이를 하는데 왜 국가가 수백억 돈을 사찰에다 줍니까?"

불교가 다시 살아나려면 국가지원금을 일절 거부하고 스스로 나아갈 길을 찾아야 한다. 그래야 앉아 먹고 노는 놈팡이도 없어지고, 공짜 돈의 싸움박질도 그친다.

무문관일기

제30칙(2) | 2018. 6. 26 화요일

청와대 가는 길이 멀다. 감포에서 서울까지 하루 종일 걸렸다. 그리고 장맛비를 개시한 날이라 길이 많이 미끄럽다. 군데군데 사고 차량 때문에 지체가 심하였다. 약속 된 5시에 겨우 도착을 하였으나 실무자의 혼선으로 헛바퀴를 돌렸다. 구중궁궐 들어가는 엄격한 검문에 비해서는 청와대 부속실 건물들이 소박하다. 사람들도 다들 인정이 있다. 저녁 공양은 조미료가 들지 않아 절 사람이 먹기에 딱 좋다.

'무문관' 영화를 본 뒤 청와대 불자들을 상대로 간단한 법회가

열렸다. 법문의 요지는 내가 평소 설하는 '但工夫活路(단공부활
로)'와 '恒時須圓覺(항시수원각)'이었다. 卽心卽佛(즉심즉불)과
맥이 닿는다.

질문을 받았는데, 대답하기 아주 어려운 내용이었다.

"무문관 3년 수행 이후와 그 이전은 어떻게 달라졌습니까?"

대구큰절에 도착하니 새벽 1시가 넘었다.

趙州勘婆(조주감파)

조주 큰스님, 노파를 점검하다

가. 본칙(本則)

趙州, 因僧問婆子, 臺山路向甚處去. 婆云, 驀直去. 僧纔行三五步. 婆云, 好箇師僧. 又恁麼去. 後有僧擧似州. 州云, 待我去與爾勘過這婆子. 明日便去, 亦如是問. 婆亦如是答. 州歸謂衆曰, 臺山婆子, 我與爾勘破了也.

조주 큰스님을 찾아오던 한 스님이 노파에게 물었다.

"오대산으로 가는 길이 어느 쪽입니까?"

노파가 말했다.

"곧장 가시오."

그 스님이 서너 발자국을 옮기자 노파가 말했다.

"참 멀쩡한 스님이 또 저렇게 가시다니!"

뒤에 누가 이 사실을 조주 큰스님에게 아뢰었다. 큰스님이 말씀하셨다.

"어디, 기다려 보게. 내가 가서 너희들을 위해 그 노파를 살펴보고 오겠다."

다음 날 당장 노파를 찾아간 큰스님은 그 스님과 똑같이 질문을 했다. 노파 역시 똑같이 대답을 했다. 조주 큰스님은 돌아와 대중들에게 말했다.

"오대산 가는 길의 그 노파를, 내가 그대들을 위해 점검했노
라."

나. 평창(評唱) 및 송(頌)

無門曰. 婆子只解坐籌帷幄, 要且著賊不知. 趙州老人, 善用偸營
劫塞之機, 又且無大人相. 檢點將來, 二俱有過. 且道, 那裏是趙
州勘破婆子處.

　노파는 다만 막사에 앉아서 계략을 세울 줄만 알았지 안타깝게
도 도둑이 와서 붙어 있는 줄 알지 못했다. 조주 늙은이는 적진에
몰래 들어가 요새를 빼앗는 솜씨는 훌륭했지만, 역시 대인의 모습
은 아니었다. 잘 살펴보면, 두 사람 모두에게 다 잘못이 있다.
　자, 말해보라. 어디가 조주가 노파를 점검한 자리인가?

頌曰. 問旣一般, 答亦相似. 飯裏有砂, 泥中有刺.

　무문 스님이 게송으로 다시 말하였다.

　　"물음이 그토록 같으니

　　대답 또한 비슷하구나.

　　밥 속에는 모래가 있고

　　진흙 속에 가시가 있도다."

다. 무일강론(無一講論)

　이 공안의 핵심은 세 군데에 있다.

　'곧장 가시오(驀直去)', '또 저렇게 가시다니(又恁麼去)', '점검했노라(勘破了也)'이다. 모든 공안이 그렇지만 여기 조주감파(趙州勘婆)도 중의적(重義的) 내용을 담고 있다. 후학들의 입장에서는 그 깊은 속뜻을 가늠한다는 것이 예사로운 일이 아니다. 근기(根機)와 법기(法器)에 따라 얻는 답이 다를 수가 있다. 선에서의 대답은 천편일률적이지 않아서 자유분방한데, 그것이 곧 선사상(禪思想)의 또다른 매력이다.

　이 공안에서 '곧장 가시오'는 직지인심(直指人心)을 염두에 둔 법문이다. 오대산을 향한 스님들의 행각은 분명, 진리의 추구였다. 그런 스님들을 상대로 곧장 가는 길 즉, 직지인심의 선적인 길을 노파는 제시했던 것이다. 그렇지만 대부분의 스님들은 알아듣

72

지 못하고, 아무 생각 없이 발걸음만 그쪽을 향했다. 노파의 입장에서는 참으로 답답할 노릇이었다. 그래서 '또 저렇게 가시다니!' 하고 비아냥댄 것이다.

그런데, 이 노파는 다 좋았지만 조주의 정체를 알아보지 못한 것은 큰 실수였다. 조주는 오대산 가는 길을 물으러 간 것이 아니었기 때문이다. 노파는 꼼짝없이 조주의 시험에 걸려들었다. 밥 속에 있는 돌을 씹고 진흙 속에 있는 가시를 밟는 꼴이 되었다.

이 공안의 깊은 속뜻을 다음과 같이 볼 수도 있다. 길을 묻는 사람에게 있어서 '곧장 가다' 라는 말은 하나의 명령체계이다. 그것을 종교에서는 교리라고 한다.

그런데 그러한 교리는 자칫 잘못하면 독선이 되기 싶다. 그래서 자비를 실천해야 할 종교인들이 전쟁까지 일으킨다. 교리가 오히려 아집과 편견을 조장, 유도한 결과가 된 것이다. 교리라는 길을 밟아 곧이곧대로 가려는 수행자들에게 노파는 '또 저렇게 가시다니!' 하고 걱정한다. '그것마저 놓아버리지 못하고 한사코 한쪽 길만을 고집해서 어쩌자는 것인가!' 하고 한탄한다.

무문 스님은 그의 평에서 조주 큰스님이나 노파 모두에게 다 잘못이 있다고 지적한다. 조주 선사를 몰라본 노파나 노파의 입을 막지 못한 조주 선사나 다 어설픈 데가 있었던 것이다. 때문에 이 화두는 활구(活句)의 체면을 차렸다.
　깊이 생각해 볼 일이다.

무문관일기

제31칙(1) | 2018. 6. 28 목요일

장상첨밀(醬賞添蜜). 장(된장, 간장)을 포교상으로 주었는데, 내년부터는 여기에 한봉 꿀을 첨가하게 되었다. 요즘은 조석으로 5개의 벌통 앞앞이 다니면서 꼭 문안인사를 한다.

그런데 오늘 아침, 말벌 한 마리가 벌통 앞에서 얼쩡거린다. 그러자 문을 지키던 수십 마리 벌들이 빠른 날갯짓으로 부들부들 떨며 적개심을 보인다. 듣기로, 말벌은 한봉을 해친다 하니 가만둘 수 없다. 눈 부릅뜨고 나는 말벌 퇴치를 하였다.

포교 농사를 짓는 일이 만만치 않다. 한봉들은 말벌이 떠나가자 일상의 상태로 돌아왔다. 나는 전문 꿀벌 관리자마냥 얼굴 가리는 그물망의 모자를 그럴 듯하게 쓰고 벌집, 집집마다 청소를 했다. 그리고 늦은 시간에는 한봉을 분양해 준 거사를 불러서 되 크기의 나무 곽을 만들어서 집을 확장시켜 주었다.

포교를 하는 것도 어려운 일이지만, 포교를 독려하려고 한봉을 치는 일도 만만치 않다. 조주 큰스님이 노파를 점검하는 일을 두고 무문 스님이 잘못이라고 하였는데, 한봉 키우는 일 또한 트집을 잡힐 수도 있음을 전제하고 있다.

무문관일기

제31칙(2) | 2018. 7. 1 일요일

사람은 누구나 뭇사람들로부터 점검 당하고 있다. 특히 공인일수록 더하다. 아침, 모바일 뉴스를 보니 포르투갈과 아르헨티나가 16강전에서 탈락하였다. 포르투갈은 우루과이에게 1:2로 패하였고, 아르헨티나는 프랑스에게 3:4로 패했다. 포르투갈의 호날두와 아르헨티나의 메시는 개인 체면까지 구겼다. 사실 두 사람은 최근 10년간 세계 최고의 축구선수 자리를 두고 치열하게 다툰 라이벌이었다. 그런데 이 두 사람은 이번에 닮은 꼴을 연출하였다. 예선전에서 똑같이 페널티킥을 실축한 것이다. 호날두는 이란전에서, 메시는 아이슬란드전에서 과오를 범하면서 최고봉에 있는 사람도 실수할 수 있다는 교훈을 남겼다. 이 둘이 남긴 교훈은 그뿐만이 아니었다. 포르투갈과 아르헨티나가 세계 최고의 선수를 보유하면서도 졌다는 사실이다. 개인기가 뛰어난 선수가 있더라도 단체 경기는 전체 구성원이 다 잘해야 한다.

금일, 지난 1학기 동안 고생했던 신입생 지도 법사들이 감포도량을 찾았는데, 이러한 류의 얘기로 소참법문하였다. 팀워크(teamwork)가 중요하다. 단체는 팀워크로 점검받는다.

제 32 칙

外道問佛(외도문불)

외도가 부처님께 여쭙다

가. 본칙(本則)

世尊, 因外道問, 不問有言, 不問無言. 世尊據座. 外道贊歎云,
世尊大慈大悲, 開我迷雲, 令我得入. 乃具禮而去. 阿難尋問佛,
外道有何所證, 贊歎而去. 世尊云, 如世良馬, 見鞭影而行.

세존께 한 외도가 찾아와 물었다.

"말 있음으로도 묻지 않고 말 없음으로도 묻지 않겠습니다."

이에 세존께서는 묵묵히 앉아 계셨다. 이를 본 외도가 찬탄하며
말했다.

"세존께서는 대자대비하셔서서 나의 미혹한 마음의 구름을 다 걷
어 내시고, 저로 하여금 깨달음에 이르게 해주셨습니다!"

그리고는 예의를 갖춰 인사한 뒤 돌아갔다. 곧이어 아난 존자가
세존께 여쭈었다.

"저 외도가 무엇을 증득했기에 저렇게 찬탄하고 갔습니까?"

세존께서 말씀하셨다.

"세간의 준마가 채찍의 그림자만 보아도 내달리는 것과 같은
것이니라."

나. 평창(評唱) 및 송(頌)

無門曰. 阿難乃佛弟子, 宛不如外道見解. 且道, 外道與佛弟子,
相去多少.

아난은 부처님의 제자이면서도, 외도의 견해에도 미치지 못한
것 같구나. 자, 일러보라. 외도와 부처님의 제자와의 거리가 어느
정도인지를.

頌曰. 劍刃上行, 氷稜上走. 不涉階梯, 懸崖撒手.

무문 스님이 게송으로 다시 말하였다.
  "칼날 위를 걷고
  얼음 모서리를 달린다.
  계단이나 사다리를 쓰지 않고
  절벽에서 손을 놓도다."

다. 무일강론(無一講論)

진리의 참된 본성은 이언설상(離言說相)이며 이명자상(離名字相)이며 이심연상(離心緣相)이다. 말과 표현들은 실체 그 자체가 아니다. 단지, 그것을 보여주기 위한 수단에 불과하다.

그래서 세존께서도 팔만사천법문을 하셨음에도 불구하고 마지막에는 일자불설(一字不說)이라고 선언하셨던 것이다. 개념화된 말로써는 천변만설(千辯萬說)이라도 진실 그 자체를 나타내기 어렵다는 뜻이다.

외도(外道)의 질문은 그런 점에서 예리했다. 언어문자로 대답하면 유언(有言)이 되고, 벙어리처럼 입 다물고 있으면 무언(無言)이 되어 비난받을 수밖에 없는 상황이다. 유언이 되었던 무언이 되었던 진실의 반쪽밖에 나타내지 못한다. 여기서 세존께서 그대로 앉아 계신 것은 본래의 자리에서 여여불(如如佛)의 경지를 보여주고 있는 입장이다.

이러한 세존의 모습에 외도는 일초직입여래지(一超直入如來地)하였다. 그렇지만 부처님 제자, 아난은 깜깜하기만 했다. 그럴 수밖에 없었던 것이 저 외도는 백척간두진일보(百尺竿頭進一步)하는 구도심이 있었고, 아난은 그렇지 못하였기 때문이다. 대사일번(大死一番)하지 못하면 확철대오는 요원하다. 외도는 아난 존자의 정신영역을 훨씬 넘어서 있었다. 채찍의 그림자만 보아도 내달릴

줄 아는 양마(良馬)였던 것이다.

진여본성을 알아차리는 데는 그 어떤 차별도 없음을 보여준다. 진리의 체성(體性)이 그렇게 되어있기 때문이다. 어떤 종교를 믿는가 하는 것이 문제가 아니라, 얼마나 더 정신적으로 성숙되어 있는가가 관건이다.

묵묵히 앉아 답을 대신하는 선가(禪家)의 양구(良久)는 웬만한 경지로써는 수용하기 힘들다. 그 자리는 이미 인식론적 분별을 떠나 절대와 궁극이라는 본래면목(本來面目)과 맞닿아 있다.

양구의 전형적인 형태는 『유마경(維摩經)』에도 나타나 있는데, 비사리성의 유마장자가 묵연(默然)함으로써 불이법문(不二法門)을 드러내 보였다는 유마일묵(維摩一默)의 이야기는 너무나도 유명하다.

양구(良久)는 유언(有言)과 무언(無言)을 초월한 모습의 표현이다. 초월하였다 함은 유언(有言) 가운데 무언(無言)이고 무언(無言) 가운데 유언(有言)이라는 뜻이다. 철저한 무아(無我)가 되지 않고서는 할 말이 없는 신성한 자리이다.

무문관일기

제32칙(1) ∣ 2018. 7. 6 금요일

  벌 키우는 일 만만찮다. 醬賞添蜜(장상첨밀)을 위안삼고 좀 귀찮아도 벌통을 자주 들여다본다. 장마 중이라 벌의 활동량이 많이 줄었다. 거울을 들이대고 벌집 속을 들여다보니, 전부 쉬고 있다가 벌떼 수십 마리 몰려나온다.

  부슬비를 맞고 청소를 하는데, 보통 때와는 다르다. 배설물이 바닥에 많이 떨어져 있다. 벌통 청소 전용 쇠스랑으로 조심스럽게 바닥을 긁어낸다. 3일만인데도 이물질이 켜켜이 쌓였다. 실패한 후손인지 벌의 애벌레도 간간이 떨어져 있다. 벌통 주위를 성가시게 구는 잔 개미들도 더러 눈에 띈다. 나는 그물망 모자도 쓰지 않고, 고무장갑도 끼지 않고 벌통마다 다른 때보다 훨씬 더 깨끗하게 청소를 해 주었다. 벌과 이미 많이 친해진 덕분인지 한 마리도 내 몸에 붙거나 쏘지 않는다. 서로, 말은 없으되 통하는 바가 있는 게 분명하다. 세상살이에 꼭 말이 필요한 것은 아니다. 말을 하지 않고도 소통할 수 있다면 그 관계가 최상이다.

무문관일기

제32칙(2) | 2018. 7. 7 토요일

가까운 농원에 귀한 나무 있다 길래 달려갔더니, 보리수 세 그루가 근 30년을 나 기다린 듯 말없이 섰다. 나는 옛 사람을 만난 듯이 나무둥치를 안아 보고 열매와 잎을 어루만졌다. 그리고 당연히, 가족으로 받아들이고 세계명상센터에 등록하였다. 딸린 식구들이 있어서 함께 동행시켰다.

절의 모든 대중들은 열외 없이 나와 이들을 따뜻이 맞이하였다. 완전한 보금자리를 만드느라고 애썼다. 곡괭이로 구덩이를 파고, 삽질로써 흙을 메웠다. 우린 많은 말을 하지 않았다. 하지만 모든 일은 순조로웠다. 여름 땀 기운을 쏟은 덕분에 새 식구들은 안도하였다. 아로니아 20그루, 복숭아 10그루, 사과 10그루, 살구나무 4그루. 화엄동산은 더욱 화엄(華嚴)스러워졌고, 불이(不二)동산은 더욱 불이스러워졌다. 용과 이무기가 어울리더니 이무기가 다 용이 되었다.

非心非佛(비심비불)

마음도 아니고 부처도 아니다

가. 본칙(本則)

馬祖, 因僧問, 如何是佛. 祖曰, 非心非佛.

마조(馬祖) 큰스님께 한 스님이 여쭈었다.
"어떤 것이 부처입니까?"
큰스님이 대답하셨다.
"마음도 아니고 부처도 아니다."

나. 평창(評唱) 및 송(頌)

無門曰. 若向者裏見得, 參學事畢.

만약 여기서 알 수 있다면 참선 공부는 다 끝났다.

頌曰. 路逢劍客須呈, 不遇詩人莫獻. 逢人且說三分, 未可全施一片.

무문 스님이 다시 게송으로 말하였다.

"길에서 검객을 만나면 칼을 바쳐야 하리라.

그러나 시인이 아니거든 시를 바치지 말라.

사람을 만나면 3할만 말해야 한다.

마음 속의 것을 완전히 내놓아서는 안 된다."

다. 무일강론(無一講論)

마조 큰스님의 제자, 복우산자재(伏牛山自在) 선사는 즉심즉불(卽心卽佛)은 무병구약(無病救藥)의 구(句)이고 비심비불(非心非佛)은 약병대치(藥病對治)의 구(句)로 보았다.

즉, 비심비불(非心非佛)은 즉심즉불(卽心卽佛)의 무기(無記)에 빠진 대중들을 전혀 다른 방법으로 제도하는 말씀이다. 여기서 무기(無記)는 아이러니하게도 집착(執着)과 상통하는 말임을 이해할 필요가 있다. 선(禪)에서 늘 경계하는 차별심, 집착심, 고정관념 등은 중생의 병인데 즉심즉불의 화두가 오히려 병의 원인이 되었다면 그때는 정반대의 처방을 내리는 수밖에 없는데 그것이 바로 비심비불인 것이다.

『전등록』마조전에는 다음과 같은 이야기가 있다.

어떤 스님이 마조 큰스님에게 질문을 했다.

"화상(和尙)은 어째서 즉심시불(卽心是佛)이라고 합니까?"
큰스님이 말했다.
"우는 아기의 울음을 그치게 하기 위한 것이다."
"울음을 그친 뒤에는 어떻게 합니까?"
"비심비불(非心非佛)이지."
"이 두 가지 이외의 사람이 오면 어떻게 합니까?"
"그에게는 '중생이 아니다(不是物).'라고 말하리라."
"갑자기 그러한 사람이 오면 어떻게 합니까?"
"그로 하여금 대도를 체득하라고 지시하리라."

잘 살펴보면 결국, 즉심시불과 비심비불은 어느 것이나 집착을 끊도록 하는 법문임을 알 수 있다.
『조당집』에는 다음과 같은 말씀도 있다.

복우 선사가 마조 대사의 심부름으로 편지를 들고 남양혜충 국사를 찾아가니 국사가 물었다.
"마조 대사는 어떤 가르침을 설하는가?"
복우가 대답했다.
"즉심시불이라고 말씀하십니다."

국사가 말했다.

"다시 다른 말은 없었는가?"

복우가 답했다.

"비심비불이라고 하고, 또는 불시심(不是心) 불시불(不是佛) 불시물(不是物)이라고 합니다."

마조 큰스님의 이런 살활자재하는 말씀의 근본취지는 자가보장(自家寶藏)의 보살핌에 있다. 돈오입도요문론(頓悟入道要門論)으로 유명한 대주혜해(大株慧海)가 처음 마조 큰스님을 친견할 때 이야기이다.

"어디서 왔는가?"

"월주 대운사(大雲寺)에서 왔습니다."

"무엇하러 왔는가?"

"불법을 구하러 왔습니다."

"나는 아무것도 없다. 불법이 어찌 나에게 있겠는가! 그대는 왜 자기 집에 있는 보물을 돌보지 않고 밖에서 찾고 있는가?"

"저에게 보배가 있다니 무슨 뜻인지요?"

"지금 나에게 묻고 있는 그대가 보배일세. 왜 밖으로 찾아다니는가?"

이렇게 마조 큰스님은 부처가 따로 있는 것이 아니라 '마음이 곧 부처' 라는 사실을 가르치려고 부단히 노력하였다.

그런데 이러한 큰 희망의 뉴스가 학인들에게는 차츰차츰 고정 관념이 되어갔다. 즉심즉불이 당연한 것으로 수용되면서, 무기의 늪에 빠져 또렷한 자기 의식이 사라지고 말았다.

마음이란 곳에 강한 집착심이 생긴 결과였다. 그래서 집착과 무기가 양면성의 서로 다른 표현이라고 본다면 이 '비심비불' 이야 말로 이 둘을 단숨에 날려버리는 화두이다.

무문관일기

제33칙(1) | 2018. 7. 10 화요일

　어느 종교단체를 방문하였는데, 그 규모가 상상을 초월하였다. 조직력이나 자금능력도 현재 조계종과는 비교할 바가 아니었다. 책임자에게 물어보았더니, 모든 재산을 공공재산으로 묶어 놓고 대부분 일들은 모두 자원봉사에 의해 움직인단다. 심지어는 건물 짓는 일조차 그러하다니 그들대로의 신심에 경의를 표하지 않을 수 없다.

　사찰들도, 상당한 부분 양해를 구하고 최소한의 봉급을 지불하는 수가 많다. 물론 스님들의 월 보시금도 아주 박봉이다. 우리절은 그나마 조금 나은 편이다. 그런데 최근에 해변힐링마을의 직원을 채용하면서 너무 무리한 페이(pay)를 요구하는 경향 때문에 다소 당황스럽다.

　절이란 사업체가 아니다. 그리고 개인 것도 아니다. 그저, 공공의 복지와 행복을 추구하는 공동체일 뿐이다. 뜻있는 사람들이 보살정신을 가지고 있는 힘을 다해 봉사하고 공덕 짓는 곳이다.

200여만 원의 봉급을 받는 나부터 그러하다. 절에서 일하는 사람들이 아주 위대하다. 비심비불(非心非佛)을 말할 필요도 없다.

무문관일기

제33칙(2) | 2018. 7. 11 수요일

태국에서 큰일이 일어났다. 13명의 유소년 축구팀이 동굴에 들어갔다가 폭우가 쏟아져 다시 나올 수 없는 상황이 된 것이다. 세계의 모든 언론들이 안타까운 이 소식을 앞다투어 전하였다. 운 좋게도 이들은 17일 만에 극적으로 생환하였고, 25세의 엑까쁜찬 따윙 코치가 크게 주목을 받았다.

코치는 12세부터 약 10년간 절에서 스님으로서 수행생활을 하기도 하였다. 그의 지도력은, 스스로는 굶으면서 아이들에게 소량의 과자로 버티는 방법이 소개되어 찬사를 받고, 특히 깜깜한 동굴 안에서 코치가 명상을 가르침으로써 아이들이 불안감을 떨치고 고요히 자기 자신들을 지켰다고 영국, 미국의 대형 방송들이 극찬하였다.

국내 인터넷 신문에도 명상의 효과가 크게 부각되었는데, 요즘 와서 칙칙한 소식만 접하다가 오래간만에 산뜻한 뉴스가 아닐 수 없다. 참으로 마음도 아니고 부처도 아니다.

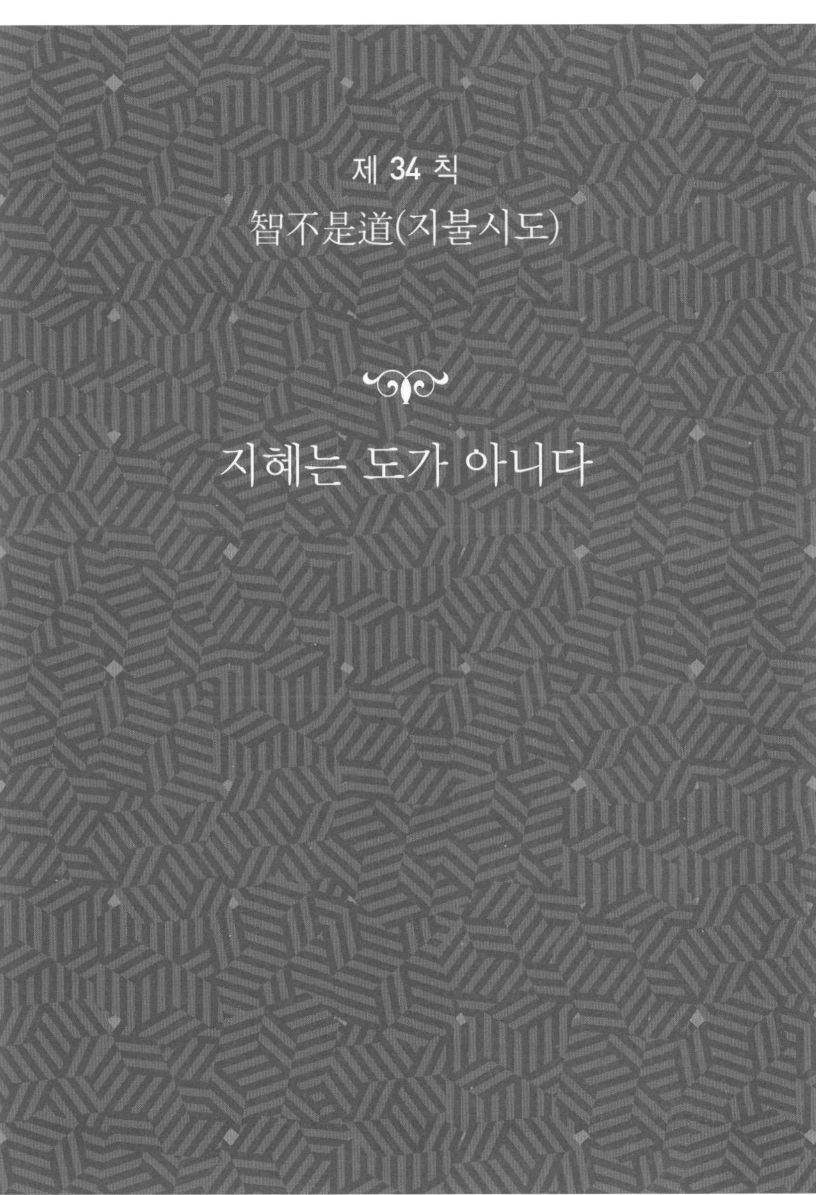

제 34 칙
智不是道(지불시도)

지혜는 도가 아니다

가. 본칙(本則)

南泉云, 心不是佛, 智不是道.

남전 큰스님이 말씀하셨다.

"마음은 부처가 아니요, 지혜는 도가 아니니라."

나. 평창(評唱) 및 송(頌)

無門曰. 南泉可謂, 老不識羞. 纔開臭口, 家醜外揚. 然雖如是,
知恩者少.

말하자면, 남전은 이제 늙어서 부끄러움을 모르는구나. 잠깐 입
을 열었는데 집안의 더러운 모습이 밖으로 다 드러났다. 그러나
비록 이와 같다 할지라도 그 은혜를 아는 놈이 적구나.

頌曰. 天晴日頭出, 雨下地上濕. 盡情都說了, 只恐信不及.

무문 스님이 다시 게송으로 말하였다.

"하늘이 맑으니 해가 솟고,

비가 오니 대지가 젖는구나.

마음을 다해 설명해 주어도,

믿어주지 않을까 걱정이로다."

다. 무일강론(無一講論)

　『무문관』에 등장하는 남전보원(南泉普願) 관련 화두는 총 4개이다. 제14칙의 남전참묘(南泉斬猫), 제19칙의 평상시도(平常是道), 제27칙의 불시심불(不是心佛), 제34칙의 지불시도(智不是道)가 그것인데, 이 모두가 분별심과 집착을 떨쳐버리라는 공통된 주문을 하고 있다.

　『조당집』 제15권에 마조(馬祖)의 제자 동사여회(東寺如會)는 마조 대사가 즉심시불(卽心是佛)을 설하였다고 주장하는 당시의 사람들을 보고 '부처가 어디에 머무르기에 마음이라고 하는가? 마음이란 환화(幻化)와 같은 것인데, 부처를 비방함이 너무 심하다.'고 말하면서 다음과 같이 외쳤다.

　"마음은 부처가 아니요, 지혜는 도가 아니다. 칼을 잃어버린 지 오래인데, 이제야 뱃전에 표시를 하는가."

이는 무문관 본 제34칙의 화두와 꼭 일치하는 이야기로서 모두가 마조의 즉심시불(卽心是佛) 등에 대한 논쟁을 종식시키고, 말에 집착하는 병폐를 지적하기 위함이다.

즉, '이 마음이 부처다.'라고 주장하면 마음에 집착하고 '지혜가 도이다.'라고 주장하면 도에 집착하는 범부들을 위해서, 남전 보원이나 동사여회는 '마음은 부처가 아니고, 지혜는 도가 아니다.'라고 주장하게 된 것이다.

마조 스님이 스스로 뱉은 즉심시불(卽心是佛)에 대해서 후일 정반대 의미의 비심비불(非心非佛)을 주장하고, 나아가 그의 제자 남전 스님이 심불시불(心不是佛), 지불시도(智不是道)를 말하는 것은 엄청난 모순과 어패가 있다. 이는 곧 분별과 망념에 의한 집착을 경계하는 역설적 가르침이다.

살불살조(殺佛殺祖)의 반항기와 예리한 정신을 갖지 않으면 소위 마음 닦는 이는 언제나 스스로 위험해진다. 새롭고 독창적이지 못한 것은 예속이요, 우상의 노예라는 것이 선(禪)의 일관된 입장이다.

돌로 만든 계집(石女), 나무로 만든 사람(木人)에게 까지도 생명력을 불어넣을 수 있어야 진정 깨어있는 수행자이다. 구멍 없는 피리(無孔笛)를 불고, 줄 없는 거문고(沒絃琴)를 타려면 현재의 사고방식을 죄다 부수지 않으면 안 된다. 그림자 없는 나무(無影樹) 아래에서 한여름 편히 낮잠 잘 수 있으려면, 번뇌의 밑천인 일체 알음알이를 내려놓아야 한다.

'마음이 부처이고 지혜는 도이다.' 라는 선입견을 가지고는 자유로울 수 없다. 그러한 지식의 찌꺼기에 오염되면 자성(自性)의 청정성(淸淨性)이 떨어진다.

화두의 실천력은 탈고정관념(脫固定觀念)에 있으므로, 마음이 부처이고 지혜가 도인 사람에게는 당연히 마음은 부처가 될 수 없고 지혜는 도가 될 수 없다.

이쯤 되면 자연 그대로 볼 줄 안다. 산은 높고 강은 길게 흐른다. 꽃은 붉고 버드나무 가지는 푸르다. 하늘 밝으면 해가 솟고 비가 오면 대지가 젖는다. 삼독심의 안개가 걷히었으므로 온 세상이 있는 그대로 환하게 드러난다.

이쯤 되면, 믿어주지 않을까 걱정할 것도 전혀 없다.

무문관일기

　음력 유월의 태양이 제대로 이글거린다. 들어온 작명(作名)을 하자니, 이 더운 날에 계산도 없이 낳아서 애나 어른이나 고생하겠다는 연민의 정이 솟는다. 이는 분명, 이 계절에 태어나서 여름만 되면 맥을 못 추는 스스로의 고정관념에 기인하는 기우이리라!

　아무것도 입지 않은 벌레처럼 좌복 위에 누드로 앉아있자니 십여 마리가 넘는 지네 새끼들이 내 쪽으로 돌진하는데, 뒤뚱대는 모양들이 무섭기보다 귀엽다. 온통 내 방에는 벌레 천지이다. 덩치가 제일 큰 사람 벌레, 날아다니는 모기 벌레, 40개의 발로 연기 해대는 지네 벌레…….

　엊그제 모바일 신문을 보니 바깥세상도 온갖 벌레로 가득 찬 듯하다. 본래 벌레야 그렇다 치지만 사람 벌레가 많아졌단다. 은사, 스승을 깔아뭉개는 사자충, 자식들을 형편없이 만드는 맘충 그리고 파파충, 생각 없는 무뇌충, 그 외에도 급식충, 한남충, 일베충…, 많다.

마음이 부처가 아니듯, 사람이 사람이 아니고 벌레라니 조그만
각성이라도 있어야 하는데……. 그것도 아니면, 차라리 벌레가 낫
겠다.

무문관일기

제34칙(2) | 2018. 7. 14 토요일

BBS 불교방송에서 두 가지를 묶어 뉴스로 내보내 주었다. 하나
는 "가족행복수계"이고 또 하나는 "정토가정법당"이다.

그러하다. 신행의 가장 중요한 최소 단위는 가정이다. 가족구성
원들이 함께 계를 받고 불자로서 살아간다면 더 이상 좋을 수가
없다. 나는 계를 주면서, 인격에 흠이 되는 욕설을 하지 말 것을
법문하였다. 한 아이를 불러내어 요즘 또래 친구들이 하는 욕 중
에서 가장 많이 하는 게 무엇인지 물었더니 약자로 "ㅅㅂㄴ"이란
다. 방송에서 한 여학생이 "계를 잘 지키려 노력하겠다."고 했다.

정토가정법당은, 각 가정마다 기도방을 하나 만들고 수행을 생
활화하자는 취지에서 기획 구상되었다. 가정이 정토가 되는 데는

자기 집 안에 법당이 꼭 필요하다. 불교인들이 자기 믿음에 대한 확신이 부족한 것은 법당이 너무 멀리 있기 때문인데, 이제 이 문제가 좀 풀릴 것 같다. 가족, 가정도 불심(佛心)으로써 가꾸기 나름이다. 절의 기능이 상실했을 때 진정한 정토가 실현되는지도 모른다.

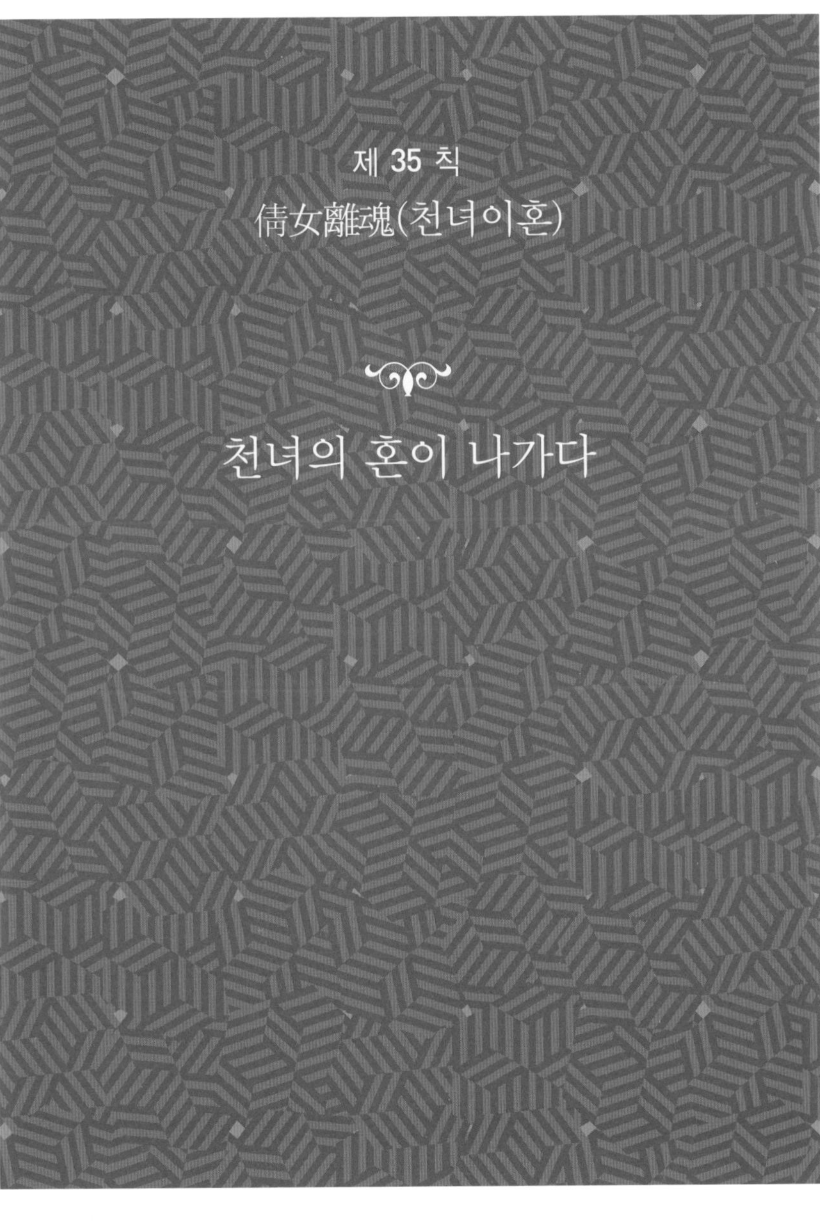
제 35 칙
倩女離魂(천녀이혼)

천녀의 혼이 나가다

가. 본칙(本則)

五祖問僧云, 倩女離魂, 那箇是眞底.

오조법연(五祖法演) 큰스님이 한 스님에게 물었다.

"천녀(倩女)의 혼이 떠났는데, 그렇다면 어느 쪽이 진짜인가?"

나. 평창(評唱) 및 송(頌)

無門曰. 若向者裏悟得眞底, 便知出殻入殻, 如宿旅舍. 其或未然, 切莫亂走. 驀然地水火風一散, 如落湯螃蟹, 七手八脚. 那時莫言不道.

만약 여기에서 진짜를 깨달아 알 수 있다면, 육체의 껍데기를 들고 나는 것이 마치 여관을 들어갔다 나오는 것과도 같은 것임을 알 것이다. 혹시나 아직도 알지 못한다면 결코 날뛰어서는 안 된다. 돌연히 지(地)·수(水)·화(火)·풍(風)의 사대(四大)가 흩어지는 그날이 오면, 뜨거운 물속에 빠진 게처럼 일곱 개의 팔과 여덟 개의 다리를 버둥거리며 괴로워 할 것이니, 그때에서야 말해주지 않았다고 원망하지 말지어다.

頌曰. 雲月是同, 溪山各異. 萬福萬福, 是一是二.

　무문 스님이 다시 게송으로 말하였다.
　　"구름 사이 달은 하나인데
　　비추는 계곡과 산은 다 다르도다.
　　좋고 좋도다.
　　이것은 하나인가, 둘인가?"

다. 무일강론(無一講論)

　본 화두는 진현우(陳玄祐)가 지은 당대(唐代)의 전기(傳奇)『리혼기(離魂記)』의 이야기에서 끌어왔다.
　줄거리는 다음과 같다.

　중국 형양(衡陽) 땅에 장감(張鑑)이라는 사람이 살고 있었는데, 그에게는 천낭(倩娘)이라는 예쁜 딸이 하나 있었다.
　장감은 평소 외조카인 왕주(王宙)에게 색싯감으로 천낭을 데려

가라 하였다. 그런데 그 지방의 고관이 천낭의 미모에 반해 혼인을 요청하자 장감은 이전의 약속을 잊고 그에게 천낭을 시집보내려 하였다.

서로를 연모하던 왕주와 천낭은 상심하였고, 왕주는 천낭을 잊기 위해 그곳을 떠나기로 결심하기에 이르렀다. 그래서 왕주가 막 배를 타고 떠나려 하는데, 천낭이 그곳에 나타나서 둘은 함께 머나먼 촉(蜀)나라로 도피하여 5년을 애기도 낳으며 재미나게 살았다.

그런 세월 중, 어느 날부터 천낭이 시름시름 앓기 시작했는데, 그들은 부모 마음을 아프게 한 과보로 병이 났다고 생각하여 부모님께 정식으로 결혼 승낙을 얻으려고 고향으로 향했다.

고향집 근처 나루에 도착한 왕주는 천낭을 배에 남겨두고 장감에게 가서 그동안의 사정을 이야기하였다. 그러자 장감은 놀라며 천낭은 규방에서 오랫동안 앓아누워 있는데 무슨 소리냐는 것이었다.

집안 식구들이 모두 규방으로 달려가 자초지종을 전하는 사이 천낭은 생기를 되찾고 있었다. 장감은 배로 사람을 보내어 또 다른 천낭을 집으로 데려오게 하였다.

수레를 타고 온 천낭과 규방에서 걸어 나온 천낭이 마당에서 마주치는 순간, 둘은 하나로 합쳐지는 것이었다.

장감이 천낭에게 이것이 도대체 어떻게 된 것이냐고 물으니, 천낭은 "서방님을 차마 혼자 떠나 보낼 수가 없어서 그때 제 혼이 서방님을 따라서 배에 올랐던 것 같습니다."라고 말하였다.

장감과 그의 식구들은 그제서야 규방의 천낭이 시름시름 앓으며 정신없는 사람처럼 과거 5년을 지낸 것이 천낭의 혼이 왕주를 따라 갔었기 때문에 일어난 일임을 알았다.

이 이야기에서 진(眞), 위(僞)를 가린다는 것은 곧 분별심을 일으킨 결과이다.

차별계를 버리고 평등체에 들어가려면 무상(無常)이고 무아(無俄)인 공(空)의 세계를 터득하지 않으면 안 된다.

진, 위가 따로 존재하는 것이 아니라 그 바탕은 공(空)이다.

신심일여(身心一如)이며 번뇌즉보리(煩惱卽菩提)요, 생사즉열반(生死則涅槃)이다.

무명(無明)의 실성(實性)이 곧 불성(佛性)이고, 환화공신(幻化空身)이 곧 법신(法身)이다.

진망불이(眞妄不二)요, 천지동근(天地同根)이며, 만물일체(萬物一切)이니 생명의 근원인 불성(佛性) 자리는 일체의 차별경계를 떠나 있다.

영육이원론(靈肉二元論)이 아니라 심신일여론(心身一如論)의 입장에서 본칙을 해결해야 한다.

무문관일기

폭염 속의 백중 천도기도는 혼이 다 빠질 정도다. 그런데, 날씨 때문에 빠진 혼이라면 가을에 다시 돌아올 것이지만, 아예 영혼 없이 사는 스님들이 큰 문제이다. 스님들은 대부분 백중 천도를 한답시고 목탁을 치고 요령을 흔들어 댄다마는 자기와의 인연영가를 위해서는 절에 기도를 부치지 않는다.

이것은 경전 말씀에 대한 믿음이 부족하기 때문이다. 즉, 신심이 없으니 그럴 수밖에 없다. 다른 기도도 또한 마찬가지이다. 말로는 불사공덕을 말하지만, 그 절의 주지나 대중들이 솔선수범하여 불사에 동참금을 내고 축원장을 쓰는 경우는 잘 없다. 심지어는 초파일에 등 하나 자기 돈 내고 달지 않는 스님이 대부분이다.

한국불교의 전체 분위기가 진실성이 없고, 마치 혼이 나간 사람처럼 속이 빈 듯한 모습을 보이는 것은 교단을 이끌고 있는 스님들이 신행의 현장에 푹 젖어들지 않고 극히 형식적이며 주위를 배회하는 경향이 농후하기 때문이다.

나는 올해도 백중 천도에 21분의 영가를 직접 올렸다. 그리고 사방불의 아미타불 조성, 초파일 연등 달기 등 사찰 불사에 적극 동참하고 있다. 자신은 하지 않고 신도들에게만 독려하는 것은 참으로 꼴불견이며 자기모순이다.

무문관일기

제35칙(2) | 2018. 7. 16 월요일

비록 선방에 있지만, 세상 돌아가는 대강의 줄거리는 알아야겠기에 시간을 정해 두고 모바일 뉴스를 검색해 보는데, 금일 좀 충격적인 내용들이 있었다.

본격적인 피서 철을 맞아 눈에 들어오는 두 개의 뉴스를 캐치하였다. 하나는 피서 기간에 애완동물을 유기한다는 것이다. 숨 쉬고 있는 생명체를 장난감 구매하듯 집에 들여 놓고는 귀찮은 존재가 되니까 길거리든, 피서지든 내버려 두고 내빼는 사람들이 많단다. 정신이 있는 건지, 없는 건지······.

또 하나는 피서 기간에 아이들이랑 SNS로 싸울 일이 걱정이라는 것이다. 청소년 30%가 도박게임 등에 중독되어 있고 심지어는 영유아도 유튜브 홀릭이라니 참으로 기가 찰 노릇이다. 가족끼리 여행을 간 마당에 애들은 어른들의 시선은 아랑곳하지 않고 SNS에 빠져있다 하니, 부모들의 그 속 타는 심정도 알 만하다. '무자식이 상팔자'라고 할 수도 없다. 그만큼 사회적 공동 책임이 크기 때문이다. 한 공간에 있는 듯 하나 SNS에 혼 뺏긴 아이들! 부모들이 정신을 차릴 때이다.

제 36 칙

路逢達道(노봉달도)

길에서 도인을 만나면

가. 본칙(本則)

五祖曰, 路逢達道人, 不將語默對. 且道, 將甚麼對.

　　오조법연(五祖法演) 큰스님이 말씀하셨다.

　　"길에서 도인(道人)을 만나면, 말로써도 대답하지 말고 침묵으로써도 대답하지 말라. 자아, 일러보아라. 그러면 어떻게 응대해야 하겠는가?"

나. 평창(評唱) 및 송(頌)

無門曰. 若向者裏對得親切, 不妨慶快. 其或未然, 也須一切處著眼.

　　만약 여기에 대해 딱맞게 대답할 수 있다면 참으로 즐겁고 기쁘지 않겠는가? 아직 그렇지 못하다면, 모름지기 어느 곳에서나 착안(着眼)코저 노력하여야 한다.

頌曰. 路逢達道人, 不將語默對. 攔腮劈面拳, 直下會便會.

무문 스님이 다시 게송으로 말하였다.

"길에서 도인을 만나거든,

말로도 침묵으로도 대하지 말라.

주먹으로 뺨따귀를 올려붙여라.

그 순간에 알 사람은 바로 안다."

다. 무일강론(無一講論)

『무문관』에 오조법연 관련 화두는 4번이나 등장한다. 제35칙, 제36칙, 제38칙, 제45칙이 그것이다.

무문 스님이 이 오조법연 선사의 법손이었기 때문에 이처럼 많은 배려를 한 것으로 보인다. 그렇지만 객관적으로 보더라도 오조 스님은 임제종의 중흥조(中興祖)라 불릴만큼 특출한 인물임에는 틀림없다.

홍인 대사가 주석했던 동산(東山)을 일컬어 오조산이라 하였는데, 법연 스님이 그곳에서 오래 머물렀기 때문에 오조라는 대단한 호칭을 얻게 된 것이다.

본 36칙 노봉달도(路逢達道)는 그리 생소한 화두는 아니다. 제24칙의 이각어언(離却語言)의 화두와 제32칙의 외도문불(外道問

佛)의 화두와 그 성격이 비슷하다.

'길에서 도인을 만나면 어떻게 응대할 것인가?', 여기서 오조 법연이 요구하는 것은 소위 말후구(末後句)의 대답이다. 말후구는 구경(究竟)으로서, 곧 즉여(卽如)를 말한다.

무심(無心)한 인식 상태인 여여(如如)와 무심의 작용인 즉여(卽如)의 힘은 부단한 정진 끝에 얻어지는데, 이 즉여가 말후구이다.

'최후의 구절' 말후구는 그 어떤 것이라도 관계없다. 무분별후득지(無分別後得智)의 일체작용은 진리(眞理)에 그대로 부합된다.

다음 얘기들은 그 좋은 예이다.

어떤 스님이 설봉 화상에게 질문했다.

"고인(古人)이 노봉달도인(路逢達道人) 막장어묵대(莫將語默對)라고 하였는데, 그러면 어떻게 상대해야 합니까?"

선사는 대답하기를 "차를 마시게."라고 하였다.

『조주어록』 하권(下卷)에는 이런 얘기가 있다.

조주 선사는 임제가 참문 하러 왔을 때 마침 발을 씻고 있었다.

임제가 "조사가 서쪽에서 오신 의도가 무엇입니까?" 하고 물으니 조주 선사가 대답하였다.

"지금 막 발을 씻고 있는 참이다."

임제는 앞으로 다가가서 귀를 기울였다. 조주가 말했다.

"알았으면 그것으로 좋고, 알지 못했으면 또 다시 입을 벌리지 말라."

유록화홍(柳綠花紅) 청산유수(靑山流水)가 자성(自性)의 드러남 인 것처럼 말을 하든, 말을 하지 않든 도인의 경계는 다 구경인 말 후구이다. 즉, 행주좌와 어묵동정이 모두 불사(佛事)이다. 그리고 선(禪) 아닌 것이 없다.

말하면서도 말한 바 없이 하고, 말하지 않으면서도 우레와 같은 메시지를 보낸다. 상을 벗어버리고 상대와 모두 하나가 되었기 때 문이다.

자타일여(自他一如)라 하였던가!

이 자리에서는 말하는 자체가 침묵이요, 침묵하면서도 장광설 을 퍼붓는다.

부처님께서도 『열반경』에서 일자불설(一字不說)을 말씀하신 바 있다.

무문 스님이 일체처에 착안(着眼)하라고 한 그 착안의 자리는 시비, 선악의 분별을 떠난 몰입의 경지이다. 그리하여 상대와

100% 합일하면 마치 사물이 명경(明鏡)의 대(臺)를 의식하지 않고 그대로 빨려드는 것과 같다.

산을 만나면 산이 되고, 강을 만나면 강이 된다. 아이를 만나면 아이가 되고, 거지를 만나면 거지가 된다.

어묵(語默)의 차별 경계에 떨어지지 않고 도인을 상대하는 방법은 아주 간단하다. 그리고 거룩하다.

무문관일기
제36칙(1) | 2018. 7. 17 화요일

이빨이 세상 사람들의 심기를 불편하게 한다.

"스님, 이빨은 제때 치료해야 합니다. 이빨은 한번 상하면 다시 회복되기 힘듭니다. 스님이 건강하셔야지 저희들이 마음이 놓입니다. 치과는 꼭 가셔야 합니다……."

내가 생각하기엔, 이 이빨도 영양실조로 인해 많이 상하는 것 같은데, 며칠 전 신문에는 이와 비슷한 내용이 나왔다. 완전 폐문 3년, 그리고 반 폐문 3년이 거의 끝나가고 있는 즈음에 마장의 벽이 만만치 않다.

법문 시간에 이러한 얘기를 하였었는데, 여러 신도님들이 이빨 관련 물품을 많이 보내오셨다. 오늘도 침, 뜸 요법으로 이빨을 튼튼히 하는 방법이 있다면서 치료 소재를 잔뜩 보내주신 신도님이 있다. 그리고 독일에서 직구로 구입했다는 치약을 보내주신 분, 또 특별한 칫솔을 챙겨 주신 분들이 있다. 너무도 감사해서 몸 둘 바를 모르겠다. 일일이 전화를 드려야 하는데 사정상 그렇지 못해

일면 또 죄송하다.

　인생 길 가다가 참 고마운 분들을 만났지만 말로써 내 심경을 전할 수도 없고, 그리고 침묵으로도 만족스럽지 못하여, 내 나름 글을 쓸 뿐이다.

무문관일기

제36칙(2) ｜ 2018. 7. 17 화요일

　산신각에 뱀 들었다면 어떻게 할 것인가? 산신각이 언덕과 붙어있다 보니 뱀이 자주 든다. 종류도 여러 가지이다. 독사, 유혈목이, 구렁이 등…. 마당에 일거리가 있어서 얼쩡거리는데 시자가 쫓아와서 산신각에 뱀 있단다. 그렇지 않아도 십여 일 전에는, 절하는 좌복 아래 뱀이 들어가 있더라는 말을 듣고 좌복을 치우라고 한 적이 있었다.

　이번에는 어떤 모양으로 있을까 하고 궁금해 하며 뛰어올라 갔다. 마침, 종무소에서 이틀 전에 뱀 잡는 집게를 사둔 게 있다며, 손에 쥐켜 주었다. 내가 산신각 문에 머리를 들이밀자 뱀은 지레

겁먹고 바닥을 파고든다. 중간 크기의 푸른빛을 내는 구렁이이다.
주저하지 않고 그대로 집게를 써서 단 한 번에 뱀의 목을 잡았다.
살려달라고 몸부림을 쳐댄다. 곁에 선 시자더러 푸대기를 벌리게
하고 어렵잖게 넣었다. 뱀 한 마리 두고 의견이 분분하다.

"죽이자.", "팔자."

푸대기를 든 상좌에게 명하였다.

"좀 힘들겠지만, 저수지까지 잘 모시고 가서 거기서 풀어주라."

제 37 칙

庭前柏樹(정전백수)

뜰 앞의 측백나무

가. 본칙(本則)

趙州, 因僧問, 如何是祖師西來意. 州云, 庭前柏樹子.

조주 큰스님에게 한 스님이 찾아와 물었다.
"달마대사가 서쪽에서 온 뜻이 무엇입니까?"
큰스님이 대답하셨다.
"뜰 앞의 측백나무니라."

나. 평창(評唱) 및 송(頌)

無門曰. 若向趙州答處見得親切, 前無釋迦, 後無彌勒.

만약 조주가 대답한 그 의미를 딱 들어맞게 알아차릴 수 있다면, 앞에 석가모니 부처도 없고 뒤에 미륵 부처도 없을 것이다.

頌曰. 言無展事, 語不投機. 承言者喪, 滯句者迷.

무문 스님이 다시 게송으로 말하였다.

"말은 사실을 다 나타낼 수 없고,

말은 적확(的確)하게 드러내 주지도 않는다.

말을 쫓아가는 자는 잃게 될 것이고,

말 구절에 걸리는 자는 헤매게 되리라."

다. 무일강론(無一講論)

조주 큰스님이 만년에 주석하셨던 관음원의 지금 이름은 백림선사(柏林禪寺)이다.

필자가 중국 선종 사찰을 순례하면서 가장 먼저 들른 곳이 백림선사였는데, 경내에서 한참 동안이나 잣나무를 찾았다. 본칙에서 보여지는 것처럼 '여하시조사서래의(如何是祖師西來意)'에 대한 답이 '정전백수자(庭前柏樹子)'인데 이 정전백수자가 한국의 스님들에게는 '뜰 앞의 잣나무'로 통용되어 왔다. 그런데 백림선사에서 잣나무는 그림자도 보이지 않았다. 큰 고목나무가 절 마당 여기저기 서 있어서 다가가 살펴보니 '柏' 자(字)의 패찰이 달려 있었다. 1800년 수령의 나무도 있었는데 그 나무들은 다름 아닌 측백나무였다.

백림선사의 사명(寺名)에 나타나는 의미는 '측백나무 숲 참선도량'이다. 그런데 우리 한국에서는 아직도 대부분 사람들이 측백나무를 잣나무로 오인하고 있다. 그러니까 '柏(백)' 자(字)의 실체를 전혀 몰랐던 것이다.

혹자는 그것이, 측백나무가 되었든 잣나무가 되었든 다 마찬가지 아니냐고 한다. 그렇게 말하는 것이 더 웃긴다. 화두참선의 소재는 현재적이고 사실적이어야 하는데, 앞에 측백나무를 두고 잣나무라고 말한다면 아주 우스꽝스러운 일이 아닌가!

그러한 측면에서 보면, 특수한 상황에서 만들어진 화두를 그 현장에도 없었던 전혀 다른 제 삼자가 그저 빌려 쓴다는 것이 얼마나 무리한 일인지 짐작할 수 있다.

사실 1700 화두 가운데 극히 몇 개의 화두를 제하고는 화두로써 큰 가치가 없다. 비현재적, 비사실적이기 때문이다. 그렇다면 기존의 화두를 어떻게 활용할 것인가?

기존의 화두가 정신수준, 깨달음의 근기를 가늠하는 잣대로는 가능하다. 즉, 실제참구의 소재로써의 생명력은 떨어지지만 공부점검의 소재로는 별 문제가 없다.

각설하고, 본칙의 원 주제로 돌아가서 살펴본다.

상식적으로 말한다면, 달마가 서쪽에서 온 뜻은 '심법(心法)을 전하여 중생을 구제하기 위함'이었다. 조금 더 차원을 높여서 '마

음이 곧 부처이다.', '평상심이 도다.', '너의 본 마음이다.' 라는
등으로 답할 수도 있다.

그런데 여기서는 이러한 상식을 넘어서서 '뜰 앞의 측백나무'
라고 하니 기가 막힌다. 그러자, 앞에 앉은 제자가 또 묻는다.

본칙에서는 생략되어 있지만 오등회원(五燈會元)에서는 다음과
같은 뒷얘기가 소개되고 있다.

스님이 다시 말했다.

"스님, 대상(對象)으로써 보이지 마십시오."

조주 스님이 응대했다.

"나는 대상을 들어 설명한 바가 없네."

다시 그 스님이 여쭈었다.

"무엇이 조사가 서쪽에서 온 뜻입니까?"

조주 큰스님이 대답했다.

"뜰 앞의 측백나무니라."

조주 큰스님은 인식주관도 인식대상도 모두 사라져 버린, 오로
지 측백나무의 또렷한 자각만이 있을 뿐임을 말씀하셨는데 공부
가 덜 된 사람은 쓸데없는 분별심을 내고 앉았다.

‘정전백수자’의 화두가 만들어진 현재 백림선사는 스님들이 간화선은 하지 않고 수식관을 하고 있다.

깊이 생각해 볼 문제다.

‘정전백수자’의 화두가 만들어진 현재 백림선사는 스님들이 간화선은 하지 않고 수식관을 하고 있다.

무문관일기
제37칙(1) | 2018. 7. 18 수요일

이른 아침, 긴 나팔꽃 보는 재미가 솔솔하다. 나무 울타리 바투 앉은 방풍과 더덕 때문에 올해 나팔꽃은 포행장 한 가운데가 출발점이다. 튼실하게 서 있는 개똥쑥 대궁이에 줄을 메고 키 높이만큼, 목책 옹이에 연결시켰더니 그 줄 따라 나팔꽃이 쭉쭉 잘도 뻗는다. 그러나 애석하게도 피는 꽃은 그 수명이, 풀잎 끝의 이슬만큼 하다. 짧게 피는 꽃은 보는 이를 마음공부 시킨다. '꽃이 피는가' 하고 기쁘게 둘러본 뒤 잠시 방에 들어갔다 나오면, '꽃이 벌써 지는가' 하고 슬프듯이 내 눈을 의심케 한다.

참으로 세상은 잠시 잠깐이다. 무엇을 웃고 무엇을 기뻐하겠는가. 우리 주위에 보면, 절 집 사람도 그러하고 세속 사람도 그러하다. 스스로의 본심(本心)을 잃고, 잠시 생긴 돈과 권력에 취해 지혜 있는 자의 빈축을 사는 인간들이 많다. 그 거룩하고 성스러운 자리를 외면하고, 스스로 축생인 듯 마구간을 찾아드는 경우를 볼라치면 각성이란 것이 얼마나 중요한지 모른다.

순간적인 세락(世樂)보다 영원한 법락(法樂)에 비중을 두는 공부인이 많았으면 좋겠다. 조사가 서쪽에서 온 뜻이 뜰 앞의 측백나무라고 하지 않는가!

무문관일기

제37칙(2) | 2018. 7. 18 수요일

한국불교대학 제2학년에 다니는 한 보살님이 불교공부가 그렇게 재미있다 한다. 그리고 법사인 내가 말한 것은 실천하려고 애쓴다 한다.

"스님, 스님께서 남편에게 삼배하라고 해서 체면 생각지 않고 삼배하였더니 남편이 아주 좋아라 했습니다. '너거 스님 훌륭하다' 하면서 절에 부지런히 다니라고 했습니다."

그래서 오늘도 금실 좋게, 남편 운전해서 감포도량까지 드라이브 왔단다. 듣는 나도 행복하다.

제1학년에 다니는 한 거사님은 불교대학에 입학하고 크게 자신의 생활이 달라진 점은 매일 저녁 잠자기 전에 108배를 하는 것이란다. 마음도 편하고, 잠도 잘 와서 좋단다. 기분이 날 때는 200~300배도 거뜬히 한다 하니 듣는 나도 행복하다.

또 단짝인 한 거사님은 자기 전에 늘 관세음보살 정근을 틀어놓고 잠을 자는데, 힐링이 되어서 좋다고 한다. 듣는 나도 행복하다.

수행은 옆에서 듣는 이로 하여금 행복케 한다. 배운 대로 실천하고 수행하는 사람은 분명히 선근 종자가 튼실하다. 과거 전생부터 닦은 바가 있다. 그리고 미래에는 더욱 의미 있는 삶을 살 것이다. 현재가 그러하기 때문이다. 뜰 앞의 측백나무를 현재적으로 볼 줄 아는 사람이 인생을 잘 사는 사람이다.

제 38 칙

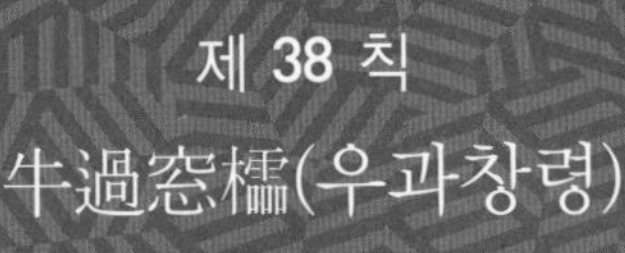

牛過窓櫺(우과창령)

소가 창틀을 빠져 나가다

가. 본칙(本則)

五祖曰, 譬如水牯牛過窓櫺, 頭角四蹄都過了, 因甚麽尾巴過不得.

오조법연(五祖法演) 스님이 말씀하셨다.

"비유컨대 물소가 창틀을 빠져나간다고 하자. 머리와 뿔, 네 발굽은 다 나갔는데 어찌하여 꼬리는 빠져나가지 못하는가?"

나. 평창(評唱) 및 송(頌)

無門曰. 若向者裏顚倒著得一隻眼, 下得一轉語, 可以上報四恩, 下資三有. 其或未然, 更須照顧尾巴始得.

만약 이 말씀의 깊은 뜻을 뒤집어서 지혜의 눈을 갖다 대고 한마디를 할 수 있다면 위로는 네 가지 은혜에 보답하게 되고, 아래로는 삼계의 중생을 교화하게 되리라.

혹시 아직 그렇지 못하다면 다시 꼬리를 비추어 되돌아보아야 한다.

무문 스님이 다시 게송으로 말하였다.
  "지나가면 구렁텅이에 빠지고,
  되돌아오면 도리어 부서져 버릴 터
  이 꼬리란 놈이여,
  정말 괴상망측한 놈이로구나."

다. 무일강론(無一講論)

이 공안의 내용은 경전에 그 근거를 둔 듯하다. 『불설급고장자여득도인연경(佛說給孤長者如得道因緣經)』에 보면 흘율지왕(訖栗枳王)이 하룻밤에 열 가지의 꿈을 꾸었는데 그 중에서 코끼리가 창문을 빠져나오는 이야기가 등장한다.

"왕의 꿈에 한 마리의 큰 코끼리가 창살 사이로 빠져 나오는 것이 보였다. 그런데 몸통은 빠져 나왔는데 꼬리가 그만 창문에 걸려버렸다.

그것은 마치, 부처님께서 열반에 드신 후에도 많은 바라문과 장자, 거사, 혹은 남자 혹은 여자가 권속을 모두 버리고 출가하여 불도(佛道)를 닦았지만, 그들은 아직도 마음이 명예와 이익 등 세속에 대한 욕심과 탐착에서 벗어나지 못하고 있는 것과 같다.”

이처럼 경전에서는 큰 코끼리 즉, 대상(大象)을 말했는데, 본칙에서는 대신 물소 즉, 수고우(水牯牛)를 등장시키고 있다. 몸은 창틀을 빠져 나갔는데 꼬리가 빠져나가지 못했다는 것은 출가자가 마음속에 명예와 이익 등 세속적인 가치관을 완전히 떨쳐버리지 못함을 비유했다고 볼 수 있다.

출가에는 세 가지 또는 세 단계의 출가가 있다.

가장 먼저는 육친출가(六親出家)이다. 부모, 형제 등 가까운 친인척을 떠나는 것이다. 실타래처럼 얽힌 육친의 인연을 벗어나는 일은 대단히 어렵다. 꼭 그리해야 하는 이유는 혈육에 대한 집착을 끊고서야 전문 수행을 할 수 있기 때문이다.

둘째는 오온출가(五蘊出家)이다. 자아 즉, 자신에 대한 집착을 떠나는 것이다. 범부중생이 삼독심(三毒心)을 일으키는 것은 자기애(自己愛)로부터 비롯된다. 출가자는 삼의일발(三衣一鉢)을 기본으로 일종식(一種食)공양, 무문관(無門關) 정진 등 고도의 수행도

기꺼이 받아들이면서 살 수 있어야 한다.

세 번째는 법계출가(法界出家)이다. 자기가 진리라고 생각하는 영역을 벗어나야 완전한 자유인이라 할 수 있다. 우리 주위에는 자기 종교사상의 틀에 갇혀 꼼짝달싹 못하는 사람이 많다. 출가자는 자기 도그마(dogma)로부터 벗어났을 때 거룩해진다.

출가는 근본적으로 중생의 차별심과 전도된 착각을 뒤집어엎는다. 그러한 내면적 성숙이 있은 후의 일전어(一轉語)는 중생심에서 불심으로, 미혹에서 깨달음으로 전향할 수 있는 전미개오(轉迷開悟)의 일구(一句)로서 강한 힘을 갖는다.

물소의 꼬리는 욕망을 나타낸다. 부귀영화를 꿈꾸는 세속적인 욕망은 물론, 부처가 되고져 하는 욕망조차도 사실은 물소의 꼬리인 것이다.

일체의 욕망과 차별심을 초월해야 진퇴양난의 딜레마를 극복할 수 있다. 창문 앞에 있는 공무(空無)의 함정에 빠져서도 안 되고 되돌아와서 번뇌망상의 법집에 빠져 상신실명(喪身失命)하는 경우도 없어야 한다.

유(有)와 무(無), 미(迷)와 오(悟), 선(善)과 악(惡)의 상대적인 차별경계를 벗어날 때 고해(苦海)를 건너 피안(彼岸)에 이르는 불사(佛事)가 될 것이다.

무문관일기

아, 이 무슨 일이란 말인가! 바로 눈앞에서 참으로 기가 찬 일이 벌어지고 있다. 이른 아침, 벌들에게 문안 인사를 갔는데 네 번째 벌통 앞에서 큰 사고가 터졌다. 이건 있을 수 없는 일이다. 벌통 앞의 예쁜 단풍나무를 연결하여 얼기설기 집을 지은 왕거미집, 그 왕거미집에 키우는 한봉 십수 마리가 거미줄에 걸려서 퍼덕대고 있다. 짚고 있던 주장자로 살며시 거미줄을 거두어 벌들을 빼내려고 해보니, 방금 친 거미줄이라 진덕진덕한 점성이 예사 아니다. 결국 한 놈도 살려내지 못했다.

본래부터 딴 벌통보다 개체 수가 적은데 가족이 더 줄었다. 걱정이 되어 벌집 문을 열어보니 이 또 무슨 난리인가. 벌집 거실에 애벌레가 한 마리 떨어져 있고, 그 주위에 수십 마리 잔 개미들이 잔치를 하고 있다. 인간들에게 세상살이가 만만치 않듯이 벌들도 마찬가지이다.

모든 생명체가 그러할 것이다. 죽는 순간까지 꼬리가 빠져나가지 못하는 수가 대부분이다. 그래서 생각이 있는 사람들은 마음공부에 매진하는 것이다.

무문관일기

제38칙(2) | 2018. 7. 21 토요일

소의 꼬리처럼 길게 몸을 늘어뜨리고 오밀조밀 보석이 박힌 듯한 꽃이 있다. 이름 하여 계요등이다. 처음 이를 보고 '참 이쁜 등을 달아서 붙여진 이름이구나' 생각했었는데, 나중에 알고 보니 그게 아니었다. 닭 계, 오줌 요(뇨), 등나무 등이다. 한자로 鷄尿藤(계요등). 우리가 갖다 붙이는 의미가 애초 이름 지은 사람의 그것과 완전히 다른 경우가 많은데, 계요등이 그 중의 하나가 아닌가 생각한다.

며칠 전에 작명 신청이 있어서 심사숙고 끝에 좋은 의미를 붙여 보냈으나, 신청한 쪽에서 무슨 이유로 다른 이름을 요구하였다. 그런 일이 아주 가끔 있다. 전적으로 나에게 맡기면 될 텐데도 자기들의 긴 꼬리를 내보인다.

요즘 계요등꽃이 한창이다. 아침에는 계요등에 앉은 한봉 한 마리를 찍는 데 성공하였다. 고 귀엽고 앙증맞은 계요등꽃을 타고, 완전히 집중하여 꿀을 따는 벌이 참 매력적이다. 무문관의 목책 배경이 아름답다. 조명 효과로 여름 햇살이 아침부터 기꺼이 목책에 기댔다.

雲門話墮(운문화타)

운문의 '말에 떨어지다'

가. 본칙(本則)

雲門, 因僧問, 光明寂照遍河沙. 一句未絶, 門遽曰, 豈不是張拙
秀才語. 僧云, 是. 門云, 話墮也. 後來死心拈云, 且道, 那裏是
者僧話墮處.

운문 큰스님에게 한 스님이 찾아와 게송 한 구절을 읊었다.

"지혜광명이 온 세계를 고요히 비추니…."

첫 구절이 끝나기도 전에 운문 큰스님이 가로막으며 말했다.

"그것은 장졸수재의 말이지 않는가?"

그는 '그렇다.'고 했다. 그러자 큰스님은 이렇게 말했다.

"너는 말에 떨어졌다."

뒷날 사심(死心) 선사가 이 이야기를 집어서 말했다.

"자, 말해보라. 그 스님이 말에 떨어진 곳이 어디인가?"

나. 평창(評唱) 및 송(頌)

無門曰. 若向者裏見得雲門用處孤危, 者僧因甚話墮, 堪與人天
爲師. 若也未明, 自救不了.

　만약 여기에서 운문의 용처(用處)가 고위(孤危)한 것과 무슨 말로 인하여 말에 떨어진 줄을 더불어 깨달아 알면 감히 인천(人天)의 스승이 될 만하거니와 만약 밝히지 못한다면 자기 자신도 구제하기 어려우니라.

頌曰. 急流垂釣, 貪餌者著. 口縫纔開, 性命喪却.

　무문 스님이 다시 게송으로 말하였다.
　　"급류에 낚시를 드리웠더니
　　먹이를 탐하는 놈이 물었구나.
　　입을 조금만 달싹거려도
　　목숨을 잃고 말 것이다."

다. 무일강론(無一講論)

　운문 큰스님에게 한 스님이 읊은 시의 전문은 이러하다.

　　"지혜광명이 온 세계를 고요히 비추니
　　범부와 성인 등 모든 생명이 다 나의 가족,

한 생각도 일지 않으면 전체가 드러나고
육근(六根)이 조금만 움직여도 구름에 가리네.
번뇌를 끊으려 하면 되레 병만 많아지고
진여(眞如)를 구하는 것 또한 삿된 짓이로다.
세상 인연에 따르되 걸리는 것이 없으면
열반과 생사라는 것도 허공꽃과 같으리.”

이 시의 본 저자는 장졸수재(張拙秀才)로 유학자였다.

선월(禪月)의 소개로 석상경제(石霜慶諸) 선사에게 참(參)했다. 그때 석상 스님은 수재에게 ‘그대의 성은 무엇인고?’라고 물었는데 수재는 ‘성은 장이고 이름은 졸(拙)입니다.’라고 답하였다. 그러자 석상 스님은 ‘교(巧)를 구함도 가히 얻을 수 없는데, 졸(拙)이 어떻게 나왔는고?’라고 다시 말하였다. 이에 장졸수재가 깨달은 바 있어, 말 그대로 수재(秀才)답게 위의 게송을 즉석에서 지어 스님에게 바쳤다.

이 시는 다분히 자연주의적이다. 수행자들이 목적하는 전미개오(轉迷開悟), 혁범성성(革凡成聖)의 말들도 구차하다. 생긴 그대로 살아가면 된다. 이미 한 경계를 넘어선 정신세계를 그려내고 있기 때문에 소박하고 담백한 맛이 배어 있다.

　아무튼, 이 게송은 당시 많은 사람들에게 회자되었을 것이 분명하다. 그러니 운문 큰스님은 시를 듣자마자 ‘그것은 장졸수재의 말이지 않는가?’ 하고 꼭 집었던 것이다.

　운문 큰스님 앞에 나타난 그 스님은 실력이 있었던 게 분명하다. 그래서 상(相)도 좀 낼 겸 큰스님 앞에서 깝죽거리다가 첫 구절에서 쥐어 박히고 말았다. 남의 시를 가지고 와서 들먹거렸으니 ‘무간 아비지옥에서 벗어날 지혜가 그 시에 들어 있는들 무슨 소용 있겠는가.’ 하는 메시지이다.

　스스로 깨달아서 스스로의 시를 지을 일이지, 다른 이의 깨달음을 끌고 와 말장난을 하자고 하니 말이 될 법한 소리인가!

　선(禪)에 있어서 모방은 아무짝에도 가치 없다. 전혀 새로운 말 즉, 자기 고함 소리를 지를 줄 알아야 한다. 설령 제불조사(諸佛祖師)의 말이라도 거기에 매달리면 그 순간 말에 떨어지고 만다. 말을 희롱하며 살아가는 자유인이 되지 못하고 말의 노예가 되어서는 주인공적 삶이라고 할 수 없다. 시비와 분별이 모두 남이 한 말 때문에 생기는 것이니 극히 경계하지 않으면 안 된다.

무문관일기

제39칙(1) | 2018. 7. 22 일요일

비 올 조짐은 전혀 없고, 가마솥더위는 아침부터 펄펄 끓는다. 며칠간 별러서, 속옷까지 죄다 벗어 재끼고, 올 들어 처음 비밀정원에 물 준다. 세면장 수도꼭지에 호스를 꽂아, 방을 가로질러 섬돌까지 물길을 끌어냈다. 다시 통에 물을 받아 쏴쏴 내 친구들의 얼굴에 퍼붓는다.

지금, 가장 물을 그리워하고 기다리는 친구는 나팔꽃, 더덕, 석류나무, 감나무, 황칠나무이다. 친구들은 기분을 감추지 못하고 어깨를 들썩이며 춤춘다. 이들은 오늘, 내게로부터 사랑을 받을 자격이 있다. 비밀정원, 포행장을 가장 살맛 나게 하기 때문이다.

나팔꽃은 시키는 대로 줄 타고 오르면서 아침마다 눈요기를 해 주고 있고, 더덕은 목책에 기대어 하늘 닿을 기세로 은은한 향기를 뿜어댄다. 그리고 석류나무는 저녁 늦은 시간까지 빨간 꽃, 입술로 벌들을 불러들여 잔치를 베푼다. 또한 감나무는 올망졸망 열매를 달고 매미들을 초대하여 희망의 노래를 부른다. 황칠나무는

4m 울타리도 훌쩍 넘어 4천왕처럼 버티고 서서 '힐링포교장독대'를 지킨다.

이 친구들과 사귄 지 6년이 되었지만, 아직까지도 별 말을 하지 않는다. 말이 소용없다. 이심전심하면 그만이다.

무문관일기

제39칙(2) | 2018. 7. 22 일요일

세상은 늘 말도 많고 탈도 많다. 외국에 거주하는 한 후배 스님이 문자를 보내왔다.

"스님, 설조 노스님의 단식은 더 연장되고 있는데… 왜 학인 스님이나 일반 비구 비구니 대중들은 촛불법회에서 안 보이는 걸까요. 너무 막막하고 절망스럽습니다. 저만 이런 생각인 걸까요. 왜 이렇게 조용할까요. 왜 유명하고 인기 많은 스님들은 조용해요?"

나는 간단히 문자로 답했다.

"그건, 스님이 가만있는 것처럼……."

최근 들어와서 모바일로 보는 뉴스거리가 많아졌다. 나의 삶의

반경이 넓어졌다고는 하나, 다 망상일 수 있다는 것을 생각하면, 입을 떼는 것 자체가 그르치는 일이다. 정상적이지 않으니 말들이 많은 것이다.

'어린이집 차량 사망사고 및 아동 학대 사건' '특수학교 교사의 성폭력, 성추행 사건' '건강보험 재정을 갉아먹는 사무장 병원 퇴출' '조계종 사회복지재단 6억여 원 횡령 사건' '청와대 국민청원 게시판에 오른 전통사찰 방재 시스템'

중고등학교, 요양병원, 어린이집, 유치원, 복지재단, NGO, 사찰을 다 함께 운영하는 나의 입장에서, 이러한 일들이 예사롭게 들리지 않는다. 말을 하면 말에 떨어지리니 묵묵히 갈 길을 가는 게 상책이다. 말을 하려고 해도 할 말이 없다.

趯倒淨瓶(적도정병)

정병을 넘어 뜨리다

가. 본칙(本則)

潙山和尙, 始在百丈會中充典座. 百丈 將選大潙主人. 乃請同首座對衆下語, 出格者可往. 百丈遂拈淨瓶, 置地上設問云, 不得喚作淨瓶, 汝喚作甚麼. 首座乃云, 不可喚作木㭞也. 百丈却問於山. 山乃趯倒淨瓶而去. 百丈笑云, 第一座輪却山子也. 因命之爲開山.

위산 스님이 백장 큰스님 회상(會上)에서 공양을 맡아보는 전좌(典座)라는 소임을 살 때였다. 백장 큰스님은 대위산의 주인이 될 만한 인재를 뽑기 위해 수좌(首座)를 포함한 모든 대중들이 나서서 한마디씩 하도록 했다. 뛰어난 사람이 있으면 그리로 가게 할 작정이었다.

백장 큰스님은 정병(淨瓶)을 집어 땅 위에 놓고 물었다.

"이것을 정병이라고 불러서는 안 된다. 너희들은 이 정병을 무엇이라고 부르겠는가?"

그러자 수좌 스님이 말했다.

"그렇다고 나무토막이라고는 못할 것입니다."

백장 큰스님은 위산 스님에게도 답할 기회를 주었다. 그러자 위

산 스님은 정병을 발로 걷어차 버리고 나갔다. 이에 백장 큰스님
이 웃으며 말했다.

"제일좌(第一座)가 촌놈한테 졌구만!"

그래서 위산에게 대위산(大潙山)으로 가 개산(開山)하라고 명하
였다.

나. 평창(評唱) 및 송(頌)

無門曰. 潙山一期之勇, 爭奈跳百丈圈圓不出. 檢點將來, 便重不
便輕. 何故. 𡌨. 脫得盤頭. 擔起鐵枷.

위산의 한 시대를 풍미한 용기가 어찌 백장의 울타리 하나를 뛰
어넘지 못하겠는가? 자세히 점검해 보면, 무거운 것을 맡고 가벼
운 것을 맡지 않았다. 무슨 까닭일까?

니(𡌨)! 쟁반을 버리고 쇠로 만든 멍에를 짊어지려고 했기 때문
이다.

頌曰. 颺下笊籬幷木杓, 當陽一突絶周遮. 百丈重關攔不住, 脚尖
趯出佛如麻.

무문 스님이 다시 게송으로 말하였다.

"조리와 국자를 내던져 버리고

정면에서 정병을 걷어차서 논의를 끊어 버렸다.

백장의 여러 관문도 막지 못했으니,

발끝으로 걷어차 버리자 수많은 부처가 흩어졌다."

다. 무일강론(無一講論)

백장회해 선사 아래 위산영우는 전좌의 소임을 맡아보고 있었다. 어느 날 풍수와 관상에 밝은 사마(司馬)라는 스님이 행각 중에 들러 백장 큰스님에게 말했다.

"소승이 이번에 호남을 둘러보는데 그곳 대위산의 지세가 주인을 만난다면 천오백 명의 학인을 품을 명산입니다."

"이 노장이 가서 살면 어떻겠는가?"

"큰스님은 골인(骨人)의 상(相)이신데 그 산은 육산(肉山)입니다. 큰스님께서 가서서 사신다 하더라도 모이는 제자들이 천 명에도 미치지 못할 것입니다."

백장 큰스님은 빈궁한 상이어서 그 산의 주인이 되기에는 부족하다는 것이었다.

　그러자 백장 큰스님이 제자들 중에 적합한 사람이 있다면 점검해 달라고 부탁하면서 제일좌인 화림보각(華林普覺)을 불러 보였다. 그러나 사마 스님이 "안 되겠다."고 하여 이번에는 전좌의 소임을 보는 영우 스님을 불러 보였다. 곧 사마 스님이 흔쾌히 "좋다."고 추천하였다.

　그런데, 여기서 화림 스님은 단지 관상만으로 결정을 내리는 데 대해 이의를 제기하였다. 그래서 백장 큰스님은 두 사람의 안목을 시험하기로 하였는데 그 본론적인 얘기가 본칙의 내용이다.

　문제의 핵심은 정병(淨瓶)을 가리켜 정병이라고 불러서는 안 된다고 하면서 그럼 무엇이라고 해야 하겠느냐는 것이다. 정병이라고 대답하면 고정된 이름과 모양 즉, 명상(名相)에 떨어져 사물에 접촉하는 것이 되고, 정병이 아니라고 말하면 진실을 배반하는 결과를 낳는다.

　어느 쪽으로 대답하더라도 정병이라는 진실 그 전체를 나타낼 수가 없는 것이다. 어쨌든 제일수좌의 안목은 백장 큰스님의 덫에 반쯤 걸린 꼴이 되었는데, 위산영우의 경우는 큰스님의 덫을 갈기갈기 찢어 버렸다.

　위산영우는 정병이라는 이름과 모양을 떨쳐 버리고 주관과 객관의 영역마저 허물어 버렸다.

본래무일물(本來無一物)!

그 어떤 것에도 걸림 없는 초월의 행위가 돋보인다.

무문관일기

제40칙(1) | 2018. 7. 23 월요일

드루킹으로부터 4천만 원의 불법 정치 자금을 받은 혐의가 있던 노회찬 정의당 원내대표가 아파트에서 투신하여 운명을 달리하였다. 그의 소식을 전하는 SNS 댓글에는 정병을 걷어차 버리고 나간 위산 스님의 일처럼, 수많은 자기 감정들이 폭주하였다.

"4천만 원 때문에 죽는다면 국회의원 중 살아남을 자가 얼마나 있는가?"

"착한 이는 조그만 허물에도 죄책감을 느끼고 악한 이는 큰 허물에도 뻔뻔하게 살아간다."

"미친 수구와 싸우려면 한 점 티끌도 없이 살아야 한다는 도덕적 결벽도 버려야 한다."

"혹시 그대에게 허물이 있었다 하더라도, 그대의 선의가 그 허물을 덮었을 텐데…. 나는 여전히 그대를 사랑했을 텐데, 그대가 처음으로 원망스럽다."

"삶보다 명예가 중요한 사람"

“흰 도화지에 먹물 한 점, 검은 도화지에 먹물 범벅”

“진보주의자들의 지나친 결벽증”

“보수는 썩어도 되고 진보는 깨끗해야 한다는 기레기들의 버러지 같은 프레임”

“진정 착한 사람은 착한 일을 하면서도 자신이 착하다고 생각하지 않는다. 진정 악한 사람은 악한 일을 하면서도 자신이 악하다고 생각하지 않는다.”

“순도 높은 진리를 존경하는 몸부림, 노무현 노회찬”

무문관일기

제40칙(2) | 2018. 7. 23 월요일

무문관 선방에서 나온 쪽지 글이 인상적이다.

“화두를 뚫어야 하는데, 좌복을 뚫었습니다. 좌복 덮개 1장만 주시면 감사하겠습니다.”

좌복 피를 자꾸 뚫다 보면 반드시 화두도 뚫릴 것이리라.

경산의 오늘 온도가 39.9°라니 더위의 위세가 대단하다. 대서

(大暑)의 절기답다. 신문에는 '태풍이라도 좀 왔으면 좋겠다'는 어처구니없는 뉴스까지 떴다. 과연 덥기는 덥다. 가만히 앉아있는 데도 좌복이 땀에 젖을 정도이다.

그런데 이 더운 날, 두 분의 보살이 일주일간의 무문관 공부를 위해 입방하였다. 한 분은 57세이고, 또 한 분은 70세이다. 제대로 공부하는 불자가 있음을 다시 실감한다. 종무소에서는 이분들의 공부를 돕기 위해 휴대폰을 압수해 주었다. 이곳이 산중이라 하지만 습기를 머금은 해풍 때문에 불쾌지수가 만만치 않은데, 도고마성이란 말처럼 공부 장소는 제대로 찾은 게 분명하다. 만일 일주일을 잘 견디기만 하여도 큰 성과가 있으리라 본다.

늦은 시간, 손톱보다도 덩치가 작은 청개구리 한 마리가 내 방을 뛰어다니며 세상을 청개구리마냥 즐긴다. 정병을 넘어뜨릴 존재들이 여기저기 많다. 무일선원 무문관이, 삼복염천이 무색하리만큼 활기에 넘친다.

達磨安心(달마안심)

달마가 마음을 편안하게 해주다

가. 본칙(本則)

達磨面壁. 二祖立雪斷臂云, 弟子心未安, 乞師安心. 磨云, 將心
來, 與汝安. 祖云, 覓心了不可得. 磨云, 爲汝安心竟.

　달마대사가 면벽(面壁)을 하고 있었다. 이조혜가(二祖慧可)는
서서 스스로 팔을 자르고 말했다.

　"제자의 마음이 편치 못합니다. 스님께서 제 마음을 편안하게
해 주십시오."

　대사가 말했다.

　"그 마음을 가지고 오너라. 내가 너를 편안케 해 주리다."

　혜가가 다시 말했다.

　"마음을 아무리 찾으려 해도 찾지 못하겠습니다."

　이에 대사가 말했다.

　"너를 위하여 이미 마음을 편안하게 해 주었노라."

나. 평창(評唱) 및 송(頌)

無門曰. 缺齒老胡, 十萬里航海, 特特而來. 可謂是無風起浪. 末

後接得一箇門人, 又却六根不具. 咦, 謝三郞不識四字.

    이빨 빠진 늙은 오랑캐가 십만 리 바다를 항해하여 일부러 여기까지 왔으니 바람도 없는데 풍랑을 일으킨 꼴이다. 뒤늦게 한 제자를 얻었는데 육근을 제대로 갖추지 못한 병신이다.

    우습다! 사삼랑(謝三郞)이 사(四) 자를 알지 못함이로다.

頌曰. 西來直指, 事因囑起. 撓聒叢林, 元來是爾.

무문 스님이 다시 게송으로 말하였다.

    “서쪽에서 와서 곧바로 사람의 마음을 가리키니

    그로 인해 불법을 부촉하는 사건이 일어났네.

    여기 저기 총림을 요란하게 하는 사람이여,

    본시 바로 그대 아니냐!”

다. 무일강론(無一講論)

    본칙의 단비구법(斷臂求法)의 이야기는 『전등록』, 『조당집』, 『속고승전』 등 여러 문헌에 나타난다. 종합적으로 구성해보면 이러하다.

　달마대사는 양무제와 만났으나 서로 뜻이 계합하지 않아 양쯔 강을 건너 숭산의 소림굴에 들어가 벽을 바라보고 앉아 있었다. 사람들은 그를 벽관(壁觀) 바라문이라고 불렀다.

　당시 나이 40이 넘은 신광(神光)이라는 사람이 찾아왔는데, 신광은 오랫동안 낙양에 살면서 여러 서적을 접하였으나 현묘한 깨달음의 경지에는 접근하지 못하였다. 그래서 달마대사의 가르침을 간절하게 원하였던 것이다. 그런데 막상 대면한 달마대사는 그 아무것도 가르쳐 주지 않았다.

　그래서 신광은 하산하였고, 이후 아주 곰곰이 생각하였다.

　'옛사람이 도를 구할 때는 뼈를 부수어 골수를 끄집어내고, 피를 뽑아서 굶주린 이를 구제하고, 머리카락을 진흙땅에 펴서 부처님을 걷게 하고, 벼랑에 몸을 던져 굶주린 호랑이에게 먹이로 육신을 보시하였다고 했다. 옛사람은 이러한 구도정신으로 불도를 구했다고 하는데, 나는 어떠한가!' 하고 반성하였다.

　한참 후 신광은 어느 날 저녁에 다시 달마대사를 찾아가서 꼼짝 않고 서서 구법(求法)의 결의를 보였는데, 밤이 깊어지자 마침 눈이 작설하였다. 눈이 무릎까지 쌓인 새벽에서야 달마대사는 입을 열었다.

"어찌 작은 공덕과 경솔한 마음으로 참된 법을 얻기 바라는가?"

신광은 이 말을 듣고 칼을 꺼내 왼팔을 잘라 신표(信標)로써 달마대사에게 바쳤다. 대사는 신광이 법기(法器)임을 알고 그를 인정하면서 이름을 혜가(慧可)라고 하였다.

"스승님, 저에게 부처님의 법인(法印)을 가르쳐 주십시오."

"부처님의 법인은 남에게 얻는 것이 아니니라."

"저의 마음이 편치 못하니 스승께서 편안하게 해 주십시오."

"그 불안한 마음을 가져 오너라. 내가 편안하게 해 주리라."

"마음을 찾아도 찾을 수가 없습니다."

"내가 이미 너의 마음을 편안하게 하였다. 너는 보는가?"

혜가는 드디어 깨닫고 다시 물었다.

"오늘에야 모든 법이 공적(空寂)하고 보리(菩提)가 멀리 있는 것이 아님을 알았습니다. 이 법을 어떻게 전해야 하는지요?"

"나의 법은 이심전심(以心傳心)이라, 불립문자(不立文字)니라."

여기 안심법문(安心法門)의 요점은 '불안한 마음은 실체가 없다.'는 사실이다.

무문관일기

제41칙(1) | 2018. 7. 24 화요일

모바일 뉴스에 슬픈 기사가 났다. 창원의 한 암자에서 83세의 노스님이 키우던 개에 물려 열반하였다. 암자의 한 관계자는 '스님이 날이 더운데 개가 어떻게 있는지 보러갔다가 사고가 난 것 같다'고 경찰에 진술하였다. 이 내용이 기사의 전부이다. 그런데 여기에 많은 댓글이 달렸다. 돌아가신 스님에 대한 추모보다 대부분, 개를 동정하거나 개를 걱정하는 투의 글이었다.

요즘 개를 사랑하는 사람이 많아졌다. 생명을 사랑한다는 것은 좋은 일이요, 고귀하다. 그런데 개가 사람보다 우선일 수는 없다. 인연의 멀고 가까움을 보아서 그렇다. 바람결에 들리는 말로는, 집안에 노인네가 밥 한 끼 안 먹어도 그러려니 하다가, 애완용 개가 밥 먹는 모양만 시원찮아도 곧장 병원에 데려간단다. 참으로 기가 막힌다. 한마디로 개 팔자가 상팔자다.

개에게 사람이 물려 죽었다는데, 댓글을 보니 실소를 금치 못하겠다.

"여름에 왜 줄로 묶어 두었느냐? 더위에 개가 엄청 스트레스 받았나 보다! 날씨를 봐서 물이라도 많이 줘야 한다. 살처분될 개가 불쌍하다……."

무문관일기

제41칙(2) ｜ 2018. 7. 24 화요일

생일이란다. 생일! 참 거추장스럽고, 과분한 말이다. 세상에 온 자체가 그리 좋아할 일이 못된다고 생각하기 때문이다. 혼자 곰곰이 생각해 보면, 나는 업력 소생이지 원력 출생이 아니다. '태어남'에 대한 스스로의 견해가 이러할진댄, 생일이라고 해서 기쁘지 않다. 여름에 태어나서 괜히 덥기만 하다. 어떻게 알고 신도들이 생일을 들먹거리면 오히려 마음이 불편한 게 사실이다.

나의 부모님과 은사 스님의 생신날을 빼고는 그 누구의 생일도 기억하지 못한다. 나의 무심한 성정으로도 그렇지만, 평등의 진리에서 보더라도 남의 생일을 챙기는 것 자체가 억지요 유위(有爲)이다. 그러니 당연히, 남으로부터도 생일 축하를 받을 자격이 없다. 중언부언하되, 본의 아니게 생일 케이크와 생일 음식을 먹기는 하나 탐탁히 여길 일은 절대 아님을 말하지 않을 수 없다.

며칠 전 1박2일 힐링캠프를 와서 생일파티를 열어준 선방후원회팀에게 부끄럽다. 그리고 오늘, 특별공양을 지어주고 생일상을 차려준 큰절 총동문신도회 회장단에게도 민망할 뿐이다. 생일이라고 해서 개인적으로 선물을 보내준 신도님들에게도 선방에 앉아서 면목이 없다.

예로부터 스님들은 '깨닫는 날이 생일이다'는 생각으로 정진한다. 그래서 스스로 생일을 챙기는 일을 잘 하지 않는데, 나의 경우도 상좌들이 '은사 스님 생일' 운운하면 언급조차 못하게 한다. 아무튼 오늘이 나의 귀 빠진 날이다.

제 42 칙

女子出定(여자출정)

여인을 삼매에서 깨우다

가. 본칙(本則)

世尊, 昔因文殊至諸佛集處, 値諸佛各還本處. 惟有一女人, 近彼佛坐, 入於三昧. 文殊乃白佛, 云何女人得近佛坐, 而我不得. 佛告文殊, 汝但覺此女, 令從三昧起, 汝自問之. 文殊遶女人三匝, 鳴指一下, 乃托至梵天, 盡其神力而不能出. 世尊云, 假使百千文殊, 亦出此女人定不得. 下方過一十二億河沙國土, 有罔明菩薩, 能出此女人定. 須臾罔明大士從地湧出, 禮拜世尊. 世尊勅罔明. 却至女人前, 鳴指一下, 女人於是從定而出.

옛날 세존께서 계시는 곳에 문수보살이 찾아왔다. 그곳에는 모든 부처님들이 모여 있다가 각각 본래의 자리로 돌아갔다. 그런데 오직 한 여인이 부처님 근처에 앉아 삼매에 들어 있었다.

이때 문수보살이 부처님께 사뢰었다.

"여인도 부처님 곁에 앉아 삼매에 들 수 있는데 저는 어째서 그럴 수 없는지요?"

부처님께서 문수보살에게 말씀하셨다.

"그대가 이 여인을 삼매에서 깨어나게 해서 직접 물어보도록 하여라."

문수보살은 여인의 주위를 세 바퀴 돌고 손가락을 '탁' 튕겨보았지만, 여인은 일어나지 않았으므로 그 여인을 받쳐 들고 천상(天上)의 범천(梵天)까지 가서 온갖 신통력을 다 하였다. 그러나 여인을 삼매에서 깨울 수가 없었다.

세존께서 말씀하셨다.

"설령 백 천의 문수가 오더라도 저 여인을 선정에서 나오게 하지는 못할 것이다. 여기로부터 아래쪽으로 12억 갠지스 강의 모래알 수만큼 많은 국토를 지난 곳에 망명(罔明)이라는 초지보살(初地菩薩)이 있나니, 그만이 이 여인을 선정에서 나오게 할 수 있을 것이니라."

그러자 순식간에 망명 대사(罔明 大士)가 땅에서 솟아나와 세존께 예배하였다. 세존께서 그에게 여인을 삼매에서 나오게 하라고 분부하였다. 그는 여인 앞으로 가더니 손가락을 한 번 '탁' 튕겼다. 그러자 여인은 바로 선정에서 깨어났다.

나. 평창(評唱) 및 송(頌)

無門曰. 釋迦老子做者一場雜劇, 不通小小. 且道, 文殊是七佛之師, 因甚出女人定不得. 罔明初地菩薩, 爲甚却出得. 若向者裏見得親切, 業識忙忙, 那伽大定.

석가 늙은이가 이런 한바탕의 촌극을 벌였으니 시시한 일은 아니었다.

자, 말해보라. 문수는 과거 칠불의 스승으로 일컫는 보살인데, 어찌하여 한 여인을 선정에서 깨우지 못하였는가?

그런데 망명은 초지보살에 불과한데 어찌하여 선정에서 깨울 수 있었는가?

만약 여기에서 척하고 알 수 있다면, 망망(忙忙)한 업식(業識)을 여의지 않고 그대로 대룡삼매(大龍三昧)가 될 것이다.

頌曰. 出得出不得, 渠儂得自由. 神頭幷鬼面, 敗闕當風流.

무문 스님이 다시 게송으로 말하였다.
　　"선정에서 나오게 하든 못하든
　　그는 그대로, 나는 나대로 자유,
　　신두(神頭)와 귀면(鬼面)을 쓰고 연극할 때는
　　실패도 그대로 풍류인 것."

다. 무일강론(無一講論)

애시당초 문수의 망념이 문제였다. 오직 한 여인이 부처님 근처에 앉아 삼매에 들어 있었는데, 문수는 생각하기로 다섯 가지(범천왕, 제석천왕, 마왕, 전륜성왕, 법왕)가 될 수 없는 오장(五障)의 여인도 저렇게 부처님 옆에서 선정에 들고 있는데 최고 보살인 자신은 어찌 이 모양인가 하는 의식, 망념을 일으켰다. 즉, 차별심을 가졌다는 말이다.

차별심을 가지고는 어떠한 신통묘용을 발휘하더라도 소용이 없다. 문수의 지혜는 일체의 차별심, 분별심이 없고 불견(佛見), 법견(法見)을 초월한 경지에서라야 그 빛을 발한다.

초지(初地)인 망명보살은 상대가 여인이라는 일체의 차별심, 분별심이 없는 상태에서 손가락을 튕기는 찰나에 그 여인을 선정에서 깨어나도록 하였다.

망명보살은 '밝음이 없는 보살' 이란 뜻으로 결국 장님을 일컫는데, 장애인인 장님의 법력(法力)이 비장애인보다 더 셀 수도 있음을 촌극으로 보여주는 이야기이기도 하다. 즉, 법신과 법신의 감응은 남녀의 차별, 장애인과 비장애인의 차별을 넘어서서 이루어진다.

선정삼매로 불심의 경지에 있는 여인과 소통하려면 상대도 불심의 경지라야 한다. 문수의 아상(我相)으로는 법성산(法性山)을 오를 수 없다.

시절인연(時節因緣)을 맞음도 결국 자기 소관이 아닌가.

무문관일기

더러 보면, 출가자가 자신을 승려로 만들어 준 은사를 비방하고 험담하는 경우를 보는데, 하나같이 수준 이하의 인간들이다. 상좌가 제아무리 똑똑하고 잘난 척 한다지만, 사실은 100명의 상좌를 다 모아서 그 은사를 만들어도 뭔가 부족함이 있을 수밖에 없다. 왜냐하면, 은사는 어차피 100명을 길러낼 만한 인물이었기 때문이다. 즉, 은사는 애초부터 은사이기에 그러하다.

나의 은사인 통도사 방장, 중봉 성파(中峯 性坡) 대화상은 모든 분야에서 탁월한 지혜를 가지고 계신다. 그런데 가끔은 척을 진 못된 상좌들이 있는데, 이들은 은사 스님이 하시는 예술분야까지 험담한다. 참으로 한심스럽다.

오늘 은사 스님께서는 해변힐링마을(해룡일출대관음사)에 모시라고 건칠불(乾漆佛), 열여섯 불을 더 주셨다. 이제 건칠불이 모두 스물한 분이다. 건칠불은 공정과정이 까다롭고 어렵다. 그래서인지 은사 스님께서는 조성하여 놓고도 누구에게 보여주는 것조차

아끼셨는데, 이렇게 많은 부처님을 주시니 황송하기 그지없다. 상좌로서는, 이 부처님들을 통해서 은사 스님의 공(功)이 세상에 알려지기를 바라며, 더욱 열심히 수행정진 할 것을 다짐할 뿐이다.

무문관일기

제42칙(2) | 2018. 7. 30 월요일

몸 약한 티를 내고 있다. 여기저기 욱신거리고 아프다. 재채기가 나고 콧물이 줄줄 나온다. 삼복염천, 개도 걸리지 않는다는 감기가 왔다. 참으로 유구무언이다. 목소리가 변할 만큼 심하다. 하도 날씨가 더워서 옷을 거의 깨벗고 살면서, 찬물을 너무 자주 뒤집어쓴 결과이다. 십수 일전까지만 하더라도 긴 목 티를 입었었는데, 날씨가 너무 더워지니 내가 감기에 약하다는 사실 자체를 깜빡하고 만 것이다.

세상에서 제일 무서운 것은 여자와 감기이다. 지금 조계종의 총무원장, 교육원장, 포교원장을 뿌리째 흔들고 있는 공동 이슈는 여자와 연관되어 있다. 수행자는 독사를 피하듯이 여인을 경계해야 한다. 비정(非情)하리만큼 멀리할 필요가 있다. 그 다음은 감기, 감기에 대해서 조심해야 한다. 아무리 날씨 환경이 좋다하더라도, 조금만 방심하면 거침없이 치고 쳐들어오는 것이 감기이다. 계절을 불문하고 잘 때도 옷을 따뜻이 입어야 하고, 양말까지 신어야 한다. 얼른 보면 분별심 같지만, 이는 나의 경험적 지혜에 근거함으로 분별심을 초월한 나름의 건강 노하우이다.

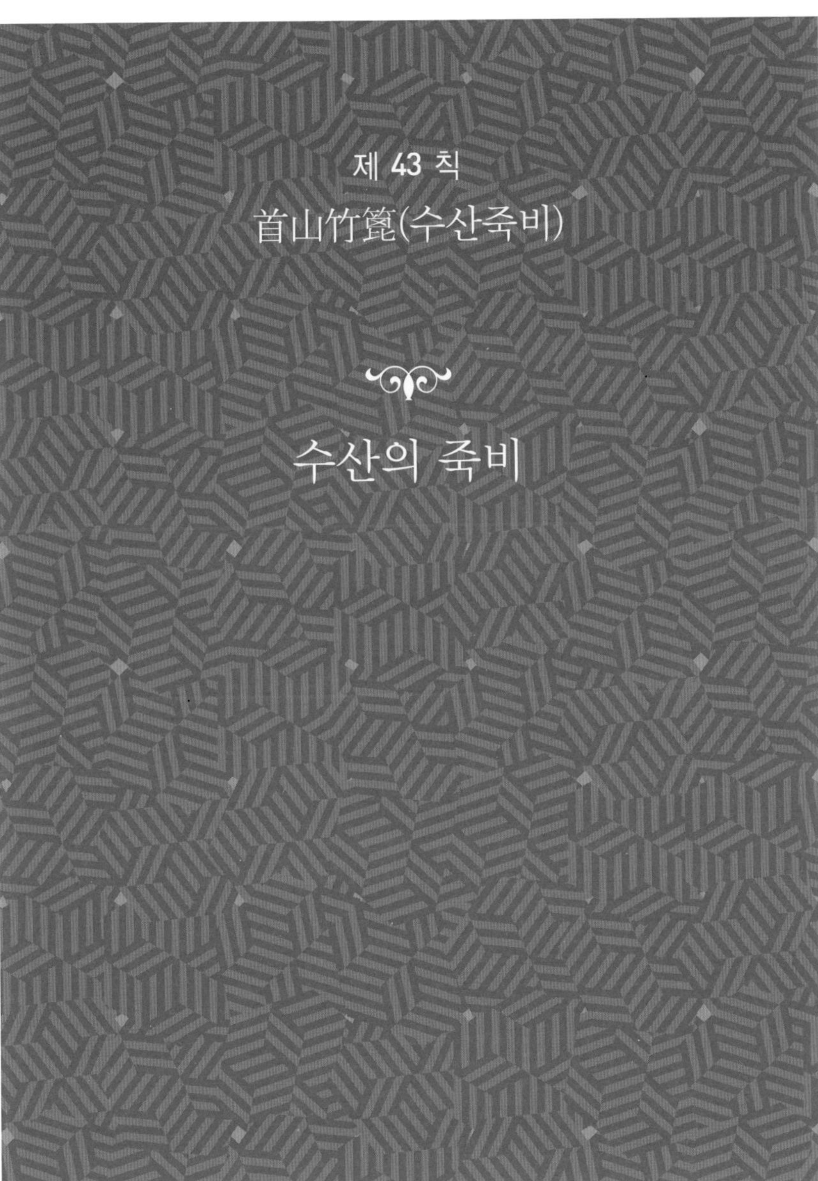

제 43 칙

首山竹篦(수산죽비)

수산의 죽비

가. 본칙(本則)

首山和尙, 拈竹箆示衆云, 汝等諸人, 若喚作竹箆則觸, 不喚作竹
箆則背. 汝諸人, 且道, 喚作甚麼.

수산성념(首山省念) 큰스님이 대중들에게 죽비를 들어 보이며
말했다.

"그대들이여, 만약 이것을 죽비라고 부르면 이름에 떨어지는
것이요, 죽비라고 하지 않아도 어긋나는 것이 된다. 그대들이여!
자아, 말해 보라. 이것을 무엇이라고 부를 것인가?"

나. 평창(評唱) 및 송(頌)

無門曰. 喚作竹箆則觸, 不喚作竹箆則背. 不得有語, 不得無語.
速道速道.

죽비라고 불러도 저촉되는 것이 되고 죽비라고 부르지 않아도
어긋나는 것이 된다.
말을 할 수도 없고, 말을 하지 않을 수도 없다.

자아, 빨리 말하라! 빨리 말하라!

頌曰. 拈起竹篦, 行殺活令. 背觸交馳, 佛祖乞命.

무문 스님이 다시 게송으로 말하였다.

　　"죽비를 들어 올려,

　　죽고 살리는 영을 내리는구나.

　　자칫하면 어긋나고 저촉되니,

　　여기서는 부처도 조사도 목숨을 구걸할 판."

다. 무일강론(無一講論)

본칙의 주제는 아주 흔하다. 비록 소재는 다르지만 유사한 공안이 많다는 말이다.

무문관의 40칙인 위산영우 스님의 정병을 차버린 이야기와 제44칙인 파초의 주장자 이야기는 그 맥락이 거의 같다.

여기서 문제는 촉(觸)과 배(背)이다. 촉은 저촉된다는 뜻으로 특질(特質)에 떨어지는 것을 말하며 배는 위배된다는 뜻으로 본질(本質)에 어긋남을 말한다. 즉, 이름에 떨어지지도 말고 용도에도 어긋나지 않으려면, 그놈의 죽비를 어떻게 불러야 할 것인가가 문제의 주안점이다.

특질과 본질의 논리로 예를 들자면 파도는 물이 있음으로 가능하고 물은 파도를 통하여 자기 모양을 나타낸다. 파도와 물은 결국 불일불이(不一不異)의 관계이다.

색즉공(色卽空)으로 설명하여도 그 원리는 비슷하다. 색(色)이란 현상 즉, 특질이고 공(空)이란 내용 즉, 본질인 점에서는 색(色), 공(空)은 표리일체(表裏一體)이다. 여기서 분명한 사실은 색을 떠난 공은 존재 가치가 없으며 공을 떠난 색은 허망할 수밖에 없다. 그러한 점에서 색, 공은 언제나 보완의 인연 속에 있어야 한다.

어느 하나로 기울어지면 한쪽만이라도 건질 것 같으나 사실 둘다 잃어버린다. 그저 피상적으로 보면 색은 색이고 공은 공일뿐이다. 즉, 현상은 현상이고 본질은 본질이다. 그러나 지혜의 안목으로 보면 색, 공은 손등과 손바닥처럼 하나이면서 둘이고, 둘이면서 하나이다. 전체적이고도 균형 잡힌 통찰의 요구는 불교사상의 가장 기본 바탕을 형성하고 있는데, 근본 교리의 8정도(八正道)에서 정견(正見)이 맨 먼저 나오는 것도 이 때문이다. 화두, '수산의 죽비'는 물론 이거니와 모든 화두의 처음과 끝은 정견의 확립이다. 여기에서는 입만 열면 그르친다. 개구즉착(開口卽錯)이다. 언어도단(言語道斷)하고 심행처멸(心行處滅)하지 않으면 답을 얻을 수 없다.

개념화 된 언어는 극히 한 부분만을 드러낸다. 죽비라고 해 버리면 본질을 잃고 죽비가 아니라고 해 버리면 특질을 잃는다. 이런 모순이 어디 있는가! 모순이 합리적으로 조화를 이루는 특단의 길을 찾으려면 끊임없이 궁구하지 않으면 안 된다. 양변(兩邊)을 취하거나 또는 양변을 취하지 않아도 다 문제가 생기니 모순일 수밖에 없다.

숭산에서 찾아온 남악회양을 그의 스승 육조는 '무슨 물건이 이렇게 왔는고?' 하고 다그친다. 제자 회양은 8년의 세월을 보내고서야 '설사, 한 물건이라 해도 맞지 않다.' 고 대답하였다.

중도(中道)의 핵심을 낚아챈다는 것이 얼마나 험하고 어려운 일인지를 살펴볼 수 있는 일화이다. 그렇지만 우리는 반드시 나아가야 한다.

무문관일기

제43칙(1) | 2018. 7. 31 화요일

아는 만큼 보인다는 말 있듯이, 도자기를 다루는 도예가들의 수준이 천차만별인데, 오늘 새로 들어온 박 씨의 경우를 보니 요 앞의 사람들과는 크게 차이가 난다.

작년 10월 도예 공방을 열고 많은 시행착오를 거쳤다. '실패도 곧 경험'이라 하기에는 손실이 너무 많았다. 맨 처음 우리 일을 한 도예공은 남의 살림을 거덜 낼 작정이었는지, 무려 4가마니의 도자기를 못 쓰게 내놨다. 인건비, 가스비, 흙 값 등을 생각하면, 정신적 스트레스는 말할 것도 없고, 경제적 손실이 이만저만이 아니었다. 초벌한 그릇, 단지마다 내가 붓으로 글 쓰고 그림 그렸는데, 그것들이 다 폐기처분 되었으니 기가 찰 노릇이었다.

그런데, 오늘 박 씨의 여러 이야기를 들어보니 수준이 좀 다르다. 지금까지 어느 곳에서 문제가 있었는지 대충 알 수 있겠다. 이제는 잘 될 것 같다. 앞으로 구워내는 도자기는 천수천안단(선방후원회) 회원들과 내년 초파일 특등 선물용이다. 항아리 대작들은 곧 개원되는 해변힐링마을에도 전시할 생각이다.

무문관일기

백구과극(白駒過隙), 흰말이 문틈으로 지나가다.

참으로 우리네 세상살이가 신속하기 그지없으며, 무상(無常)하기 짝이 없다. 어쩌면 문틈으로 내다보이는 흰말보다도 더 빨리 인생이 지나가는지도 모른다. 금강경의 6종(種)의 유위법(有爲法)에서 여로관(如露觀)을 얘기하고 있는데, 이 또한 몸이 이슬처럼 사라진다는 뜻을 내포하고 있다.

가끔 출가 전의 옛 친구들을 보게 될 때가 있다. 어제도 그런 일이 생겼다. 한 친구가 아들 동기를 데리고 왔다면서 소개를 하는데, 그 역시 늙은 것을 보고 내심 충격을 받았다. 지난주에는 어느 신도가 내 머리카락을 보고는 흰 것이 많다고 말했다. 그렇지 않아도 최근에 들어 빠르게 번지고 있는 흰 머리카락 때문에 다소 스트레스를 받고 있다. 요즘 와서 늙는 것이 눈에 보인다.

무더운 오후, 수첩에 늘 끼워 다니는 사진 한 장이 삐져나와 손에 잡힌다. 꼭 22년 전에 매일신문 카메라 기자가 찍은 것으로 잡티 하나 없이 앳된 얼굴이다. 이미, 청춘이란 말도 과거의 단어가

되어 버렸다. 사람들이여, 이 몸을 '나' 라고 불러도 안 될 말이고,
이 몸을 '나' 아니다 라고 불러도 안 될 말이지 않는가!

제 44 칙

芭蕉拄杖(파초주장)

파초의 주장자

가. 본칙(本則)

芭蕉和尚, 示衆云, 爾有拄杖子, 我與爾拄杖子. 爾無拄杖子, 我
奪爾拄杖子.

파초혜청(芭蕉慧淸) 큰스님이 대중들에게 말하였다.
"그대들에게 주장자(拄杖子)가 있다면, 내가 그대들에게 주장자
를 줄 것이다. 그러나 그대들에게 주장자가 없다면, 내가 그대들
에게서 주장자를 빼앗으리라."

나. 평창(評唱) 및 송(頌)

無門曰. 扶過斷橋水, 伴歸無月村. 若喚作拄杖, 入地獄如箭.

주장자에 의지하여 다리가 끊긴 물을 건너고, 주장자를 벗 삼아
달빛 없는 마을로 돌아간다. 그런데, 만약 이것을 주장자라 부른
다면 화살같이 빨리 지옥에 떨어지고 말리라.

頌曰. 諸方深與淺, 都在掌握中. 撑天幷拄地, 隨處振宗風.

무문 스님이 다시 게송으로 말하였다.

　　"제방 선지식의 깊고 얕음이

　　모두 이 손아귀에 있도다.

　　하늘을 괴고 땅을 떠받치니,

　　이르는 곳마다 종풍을 드날린다."

다. 무일강론(無一講論)

　본칙에서 제시한 것처럼, 무분별한 삼매의 경계에 이르러야 있음(有), 없음(無)의 존재론적 분별을 떠날 수 있다. 그 자리가 비로소 출세간(出世間)의 영역이며 성스러움의 공간이다.

　주장자는 스승이 제자들을 지도할 때 공부한 정도의 안목과 역량을 점검하는 법구(法具)로 사용되었다. 그 유명한 덕산의 방(棒)이 대표적인 경우이다.

　덕산 스님은 수행자들을 격발하는 도구로써 몽둥이를 사용하였다. 이때의 몽둥이는 바로 주장자이다. 덕산 스님은 학인들이 찾아와서 진리를 묻거나 공부를 점검받으려고 하면 막무가내로 주장자를 휘둘렀다. 성전일구(聲前一句)를 요구하였던 것이다.

한편, 운문종의 개창자 운문문언 스님은 아주 끔찍한 말까지 해 대었다.

"석가모니가 태어나자마자 주행칠보(周行七步)하고 천상천하 유아독존(天上天下 唯我獨尊)을 외쳤다는데, 만약 내가 그 자리에 있었다면 한 방망이로 때려 죽여 개에게 먹이로 던져 주었을 것이다."

또한, 임제 스님에 대한 얘기이다.

스님이 수좌로서 황벽 선사의 문하에서 공부할 때였다. 주위 도반 스님들의 권고에 따라 조실이었던 황벽 선사에게 가서 불법(佛法)의 큰 뜻을 묻다가 세 번씩이나 몽둥이 찜질만을 당하였다. 임제 스님은 스승을 원망하며 다른 절의 조실인 대우 스님을 찾아가 자초지종을 말씀 드렸더니 스님은 "황벽이 그렇게 자상하였구나." 하고 오히려 찬탄하였다. 이에 임제는 크게 깨달은 바가 있었다. 이와 같이 선사들이 사용하는 주장자는 신체활동의 보조기구보다는 교육적인 의미가 더 강하였다.

파초혜청 큰스님도 주장자를 사용하는 데는 일가견이 있었던 것으로 보인다. 파초 스님의 경우, 주장자는 그냥 몽둥이나 지팡이 정도가 아니다. 청정한 마음, 본래면목, 참주인공, 정법안장, 열반묘심, 불심 등을 가리킨다.

　"그대들에게 주장자가 있다면, 내가 그대들에게 주장자를 줄 것이다."라고 말한 것은 '있다(有)'고 주장하는 사람에게 하나를 더 주어서 진실로 그것이 맞는지를 확인토록 지시한 법문이다. 또한 "그대들에게 주장자가 없다면 내가 그대들에게 주장자를 빼앗으리라."라고 말한 것은 '없다(無)'고 주장하는 사람에게 그 중생심을 빼앗아서 자신의 본래면목을 드러나게 하려는 법문이다.

　주장자가 없다고 한다면 주장자 즉, 본래면목이라는 진실의 위배요, 주장자가 있다고 한다면 주장자 즉, 본래면목이라는 사물에의 집착이다.

　아무튼, 본래면목이 있다(有), 없다(無)라고 하는 것은 유, 무(有, 無)의 차별심에 떨어진 결과인데 여기 파초 큰스님은 학인들로 하여금 등짐(背)과 속박(觸), 옳음(是)과 그름(非) 등의 상대적인 경계를 초월하여 대자유적 삶을 구가하도록 주장자까지 동원하는 자비심을 보이고 있다.

　후학들은 선지식들의 이러한 배려를 잊지 말아야 할 것이다.

무문관일기

제44칙(1) | 2018. 8. 3 금요일

초하루를 일주일 남겨 두고 '무엇을 법문할 것인가?' 잠시 사색한다. 이번 달의 법문 주제는 '지혜와 희망'이다. 지혜와 희망은 불가분의 관계가 있다. 지혜로운 사람은 희망적인 삶을 산다. 그리고 희망적인 사람은 지혜롭다.

인생이 그리 호락호락하지 않은 게 사실이다. 칠흑 같은 망망대해에 표류하고 있는 일엽편주라고나 할까. 사바세계의 업 파랑이 거칠어서 언제 전복될지 모르는 운명이지만, 바라밀의 저 언덕이 있음을 믿고 지혜라는 나침반에 의지해서 노를 저어 가다보면 반드시 희망이라는 등댓불이 나타날 것이리라. 그래서 이 무더위에도 무문관의 정진 대중은 결가부좌를 풀지 않고, 7년 이상의 세월을 견뎌낸 연대산의 매미들은 목청껏 고함을 질러댄다.

최근에, 무일선원(감포도량)으로 피서를 오는 사람들이 많다. 참으로 지혜로운 발상이다. 그리고 '법장'이라는 대학생이 방학을 절에서 봉사하며 보내려고 와 있다. 참으로 희망이 보이는 청년이다. 이들에게는 '주장자'라는 말도 필요 없다.

무문관일기

제44칙(2) | 2018. 8. 4 토요일

　무일선원 무문관은 2005년 10월 15일에 개원되었다. 벌써 13년째다. 나는 무일선원에 걸망을 내려놓고, 바깥일을 볼 경우에는 꼭 주장자를 짚는다. 주장자는 그간 몇 번 바뀌었는데, 지금의 것은 수년 전에, 영천의 참좋은요양병원 원장인 배규호 거사가 자기 시골집에 들렀다가 동네 사람으로부터 특별히 구입하여 내게 선물한 감태나무이다. 주장자의 재료로는 감태나무가 가장 으뜸이다. 용안목이라고도 불려진다.

　그런데, 주장자는 언제부터인가 법(法)의 신표처럼 사용되어 '주장자 법문'이란 말까지 나오게 되었다. 즉, 노스님들이 법상에 앉을 때 꼭 주장자를 지참하고, 때로 주장자를 들어 보이며 "이 도리를 아는가."하고 일갈한다. 미루어 짐작건대, 최초 이 주장자는 길을 가는 보조수단으로 쓰이다가 후일에 법단까지 올라온 것으로 보인다.

　오늘도 나는 주장자를 짚는다. 가다가 머리 거미줄도 걷어내고, 발아래 뱀도 퇴치한다. 그리고 혹시 나타날 수도 있는 멧돼지 등

야생동물에도 대비한다. 며칠 전에 배 원장이 더 좋은 주장자를 구해 주시겠다고 하니 기대가 크다.

야생동물에도 대비한다. 며칠 전에 배 원장이 더 좋은 주장자를 구해 주시겠다고 하니 기대가 크다.

他是阿誰(타시아수)

그 사람이 누구인가

가. 본칙(本則)

東山演師祖曰, 釋迦彌勒猶是他奴. 且道, 他是阿誰.

동산(東山)의 오조법연(五祖法演) 큰스님이 이렇게 말하였다.
"석가와 미륵이 도리어 그 사람의 노예이다. 한번 말해보라. 그 사람이 누구인가?"

나. 평창(評唱) 및 송(頌)

無門曰. 若也見得他分曉, 譬如十字街頭, 撞見親爺相似. 更不須問別人, 道是與不是.

만약 그 사람을 분명하게 볼 수 있다면, 마치 환한 네거리에서 아버지와 맞닥뜨린 것과 같아서, 다시 다른 이에게 그가 자신의 아버지인지 아닌지 물어볼 필요가 없다.

頌曰. 他弓莫挽, 他馬莫騎. 他非莫辨, 他事莫知.

무문 스님이 다시 게송으로 말하였다.

"남의 활을 당기지 말라.

남의 말을 타지 말라.

남의 잘못을 말하지 말라.

남의 일을 알려고 말라."

다. 무일강론(無一講論)

여기 본칙(本則)은 『법연선사어록(法演禪師語錄)』의 상당 법문에도 소개되고 있으며 특히 『종문무고(宗門武庫)』에 상세히 나오는데 전체 이야기는 다음과 같다.

화주의 개성 지각(智覺) 선사는 처음 장로사의 부철각(夫鐵脚), 법수(法秀) 화상(和尙) 아래에서 공부했는데, 깨친 바가 없었다. 뒤에 동산(東山) 오조법연 선사의 법문을 듣고 그의 문하(門下)에 당장 들어갔다.

하루는 방장실에서 오조법연 선사가 지각 선사에게 물었다.

"석가나 미륵도 저 사람의 노복이라고 한다. 자, 말해보라. 저 사람이란 누구인가?"

지각 선사는 대답하였다.

"호장삼(胡張三) 흑이사(黑李四) 즉, 길거리에서 보는 평범한 사람입니다."

오조 화상은 이 말에 고개를 끄덕이며 수긍하였다.

당시, 오조법연 화상 밑에는 원오(圓悟) 선사가 수좌로 있었는데 오조 화상이 이 말을 일러주자 그는 이렇게 말하였다.

"지각의 대답이 괜찮기는 하지만 빈 구석이 있는 것 같습니다. 아직 진실을 체득한 것은 아닙니다. 간과해 버려서는 안 되는 일이니 자세히 살펴주시는 것이 좋겠습니다."

이튿날 지각 스님이 입실하자 오조 화상은 어제와 똑같은 질문을 하였다.

지각 스님은 "어제 화상에게 다 말씀드렸습니다."라고 하였다. 그러자 오조 화상은 "어제 무엇이라고 하였더냐?" 하고 물었다.

지각 스님이 "길거리에서 보는 평범한 사람이라고 말씀드렸습니다."라고 하였다.

그러자 오조 화상은 "아니지, 아니야!" 하고 부정하였다. 지각 스님이 다시 물었다.

"어째서 어제는 옳다고 수긍하셨습니까?"

오조법연 화상이 대답하였다.

"어제는 옳았지만 오늘은 틀렸네!"

지각 스님은 이 말 끝에 크게 깨달았다.

본 화두는 제11칙인 주감암주(州勘庵主)의 화두와 그 성격이 비슷하다. 똑같은 사안을 두고 전날은 '옳다.' 하였다가 뒷날은 '그르다.' 한다. 다 '그 사람'을 찾도록 안내하고 있다.

그 사람은 누구인가? 그 사람은 주인공이다. 자기의 본래면목(本來面目)이며 무위진인(無位眞人)이다. 사바세계 석가모니불이나 미래 미륵불이 다 그 사람 앞에서는 꼼짝 못한다. 이미 해탈하였으며 열반에 이르렀기 때문에 그 어떤 것에도 걸림없이 자유롭고 행복한 존재이다. 피동적이고 노예적인 인생이 아닌, 능동적이고 주체적인 인생을 살라는 교훈이 담겨져 있다. 즉, 자기 인생의 주인으로 살 일이지 남의 노복으로 살아서는 안 된다. 남의 활이나 당기고 남의 말이나 타고 남의 잘못이나 말하고 남의 일이나 알려고 한다면 그런 인생을 어디다 쓰겠는가!

조고각하(照顧脚下)!
지금, 나는, 여기서, 무엇을 하고 있는가?

이것을 자각하지 않으면 안 된다.

무문관일기

이 더위에도 아랑곳하지 않고 청소년법회팀이 1박2일 명상힐링 캠프를 왔다. 총34명이었으므로 숫자는 많지 않다. 대신 19명의 어른들이 후원회 자격으로 참여하여 다소 위로가 되었다. 어린이, 청소년, 대학생법회의 중요성은 아무리 강조해도 지나치지 않는다. 그런데, 유감스럽게도 기성 신도들이 자제들의 '불교 믿음'에 별 관심이 없어서 그런지, 위에서 말한 젊은 층 법회 인원이 답보 상태를 면치 못한다. 참으로 아쉽다. 불교가 이렇게 쇠락의 길을 걷는 데는 '신도들의 책임 또한 크다'고 아니할 수 없다. 절에서 아무리 많은 비용을 들이고, 봉사자를 투입한다 하더라도 기성 신도들이 관심을 가지지 않는다면 그 결과는 명약관화한 것이다.

내게 주어진 30분간 법문의 주제는 일체중생 개유불성(一切衆生 皆有佛性)이었다. '일체 중생이 다 불성이 있다.' 불성(佛性)은 부처님 성품이란 뜻으로, 무한 가능성을 의미한다. 즉, 모든 중생은 무한한 가능성이 있는 존재이므로 그 누구든 절대 포기되어져서는 안 된다. 우리 청소년들이 내 안에 있는 불성(佛性)을 희망 삼아 앞으로 나아갈 때 누구든 다 부처님처럼 훌륭하게 될 것이다. 아니, 석가와 미륵도 다 그들의 심부름꾼이 되리라.

무문관일기

제45칙(2) | 2018. 8. 5 일요일

신문에 난 기사이다.

"여름부터 가을에 걸쳐 꿀벌은 최악의 천적과 맞닥뜨린다. 장수말벌이 새끼를 기르느라 먹이인 꿀벌 사냥에 나서기 때문이다. 유럽산 꿀벌인 양봉은 벌통이 속절없이 거덜 나는 괴멸적 타격을 받는다. 그러나 오랜 세월 장수말벌과 싸우며 진화한 아시아의 재래 꿀벌에겐 비책이 있다. 이 말벌은 단단한 키틴질 외골격을 지녀 꿀벌의 침이 뚫을 수 없다. 일대일로 덤벼서는 장수말벌의 강력한 턱과 침 앞에 당할 재간이 없다. 재래 꿀벌은 '인해전술'로 이에 대항한다. 냄새와 시각적 단서를 통해 장수말벌의 습격을 인지한 재래 꿀벌은 즉시 경계 페로몬을 분비해 '경계경보'를 발령

한다. 일벌들은 일체 활동을 중단하고 적의 침입에 대비한다.

장수말벌이 벌통에 들어서면 400마리 가까운 꿀벌이 덤벼들어 장수말벌을 중심으로 둘러싸 곤충계에서 독특한 '열 방어 꿀벌 공'을 형성한다. 공을 이룬 꿀벌들은 일제히 비행을 위한 근육을 고속으로 떨기 시작한다. 5분 안에 공 안의 온도는 46도까지 치솟는다. 장수말벌은 꿀벌을 닥치는 대로 물어뜯고 침으로 쏘면서 저항하지만 '꿀벌 공'을 뚫지는 못한다. 30분쯤 뒤 공이 열리고 그야말로 쪄죽은 장수말벌이 드러난다. 장수말벌은 45도에서 죽는데, 꿀벌은 50도까지 버틴다."

늦은 오후 5번째 벌통에서 위의 기사 내용이 그대로 눈앞에 펼쳐졌다. 대단한 한봉의 힘이다.

그래서 시 한 수 읊었다.

團合之力(단합지력)

韓蜂雖小弱(한봉수소약)
其身剋馬蜂(기신극마봉)
數十衆合圍(수십중합위)
大身求乞命(대신구걸명)

단합의 힘

한봉이 비록 덩치 작고 약하나
그 몸으로 말벌을 이기도다.
수십 무리로 힘을 합쳐 에워싸니
큰 놈이 오히려 목숨을 구걸하도다.

참으로, 덩치 큰 말벌이 도리어 덩치 작고 약한 한봉의 노예가
되었다.

제 46 칙

竿頭進步(간두진보)

장대 끝에서 한걸음 내딛어라

가. 본칙(本則)

石霜和尙云, 百尺竿頭, 如何進步. 又古德云, 百尺竿頭坐底人,
雖然得入未爲眞. 百尺竿頭須進步, 十方世界現全身.

석상(石霜) 큰스님이 말하였다.

"백 척의 장대 끝에서 어떻게 한걸음 내디딜 것인가?"

또 다른 고덕(高德)이 말하였다.

"백 척의 장대 끝에 앉아 있는 사람은 비록 깨달음의 경지에 들
기는 하였으되 아직 진짜는 아니다. 백 척의 장대 끝에서 모름지
기 한걸음 내디뎌야만 시방세계에 온몸을 나툴 것이다."

나. 평창(評唱) 및 송(頌)

無門曰. 進得步, 翻得身, 更嫌何處不稱尊. 然雖如是, 且道, 百
尺竿頭, 如何進步. 嗄.

한걸음 내디뎌 몸을 뒤집으면, 어찌 이르는 곳마다 거룩하다고
칭송받지 않겠는가? 비록 그렇다 하더라도 한 번 일러보라. 백 척

의 장대 끝에서 어떻게 내디딜 것인가?

　　어허!

頌曰. 瞎却頂門眼, 錯認定盤星. 拌身能捨命, 一盲引衆盲.

　　무문 스님이 다시 게송으로 말하였다.

　　　“정법의 안목을 잃어버리면

　　　저울의 눈금을 잘못 읽는 법.

　　　몸을 버리고 목숨을 던지니

　　　한 소경이 뭇 소경을 인도하네.”

다. 무일강론(無一講論)

　　백척간두(百尺竿頭)는 곧 고봉정상(高峰頂上)이다. 우리의 인식 주관 즉, 분별망상, 사량, 계교, 욕심 등이 완전히 쉬어져 버린 자리이다. 심행처멸(心行處滅)하고 언어도단(言語道斷)하여 한 생각도 일어나지 않는 무분별한 경계이다. 그래서 수행자들은 이곳을 구경이라 지향하여 나아간다.

　　오르기 힘든 경지인 것만은 분명하지만 그렇다고 해서 여기가 최종 목적지가 되어서는 안 된다. 만일 그곳에서 안주하고 더 이상 나아가지 않는다면 그런 사람은 완전한 세상을 보지 못한다. 정상(頂上)의 자리마저 내줘버려야 한다. 한걸음 더 내딛어 몸을 뒤집어야 한다. 그리해야 깨달음이 완성된다.

'나'라는 자아의식(自我意識)을 송두리째 없애고 철저한 무아(無我)가 된 뒤에는 허공에 몸을 날려야 한다. 대사일번(大死一番)이라는 과정을 거쳐 마지막 그 안주(安住)의 집착을 놓고 허허로이 텅 빈 세상을 맘껏 날 때 참으로 만법일여(萬法一如)의 재미가 느껴진다.

천길 낭떠러지 아래로 떨어지는 중에 가까스로 나뭇가지를 잡았다면 그것은 그렇게 기이한 일이 못 된다. 그것만으론 다 됐다 할 수 없다. 그것마저 놓아버려야 더 큰 영험을 본다. 만일 깨달음만을 추구하여 정진하는 사람이 있다면 그는 극히 소승적(小乘的)이다. 깨달음이라는 또 다른 탐욕의 병에 걸려 전전긍긍할 뿐이다. 깨달음도 과정이 되어야 한다.

체(体)의 튼튼함은 용(用)의 활동에 있는 법인데 백척간두에 올라앉았다 하여 그곳에서 머무르기만 하면 어떡하자는 것인가? 앉은뱅이가 되지 말고 활보해야 한다. 이를 중생제도라고 이름 붙이지만 사실 중생제도라 할 것도 없다. 너무나도 당연하기 때문이다. 시주의 은혜조차 망각하고 아무리 도인(道人) 흉내를 낸들 결국은 염치없는 짓을 하고 앉았을 뿐이다. 자기 한 몸만을 편안히 좋게 하는 것은 깊은 골짜기, 바윗덩어리도 할 수 있다.

견성오도(見性悟道)의 추구도 사실은 욕심이다. 그 업(業)의 한계를 벗어나려면 광도중생(廣度衆生)의 원(願)이 있어야 한다. 그리고 그 원은 언제 어디서고 분출되어야 한다. 원이 함께 있을 때 그 수행은 순수하고 맑아진다. 수행을 통한 철저한 안목의 갖춤, 그 밑자리에 중생제도의 원력(願力)이 전제되지 않으면 깨달음은 완성되지 않는다.

백 척의 장대 위에서 한걸음 내딛는 사람은 시방세계에 온몸을 나투는 사람이다.

저만치 혼자 타고 가던 배를 돌려, 건너는 사람을 맞이할 일이다.

무문관일기

제46칙(1) | 2018. 8. 7 화요일

얼마 전에 서울의 한 거사가 장문의 편지글을 보내왔다. 내용은 자신이 요양병원을 만들어 아픈 스님들의 노후를 책임지겠다는 것이다. 그래서 우리나라 불교계 최초로 운영하고 있는 영천 소재의 참좋은요양병원의 운영 경험을 나에게 듣고 싶단다. 지금은 하안거 결재기간이고 해서 나중에 한번 보자고, 당장의 만남을 정중히 거부하였다. 편지 내용으로 보아서, 거사는 서울의 어느 요양병원에서 원무와 경영을 해 본 경험이 있는 듯하였다. 아무튼 할 일도 많을 텐데, 스님들의 노후복지에 대해서 큰 걱정을 해주니 참으로 고맙기도 하고, 죄송스러운 마음 또한 크다.

요즘 들어 요양병원들이 많이 생기기는 하나, 수지타산이 맞지 않아 문 닫는 곳도 부지기수라는 소식을 듣는다. 이에 비하면 참좋은요양병원은 건실하게 잘 운영되고 있다. 전체 직원이 친절하고 어르신들을 가족처럼 모신 공이 크다. 어르신들의 한 말씀 한 말씀을 흘려듣지 않는 흔적이 한 권의 책에 담겨져 있다. '참 말'

이란 소책자이다. 57편의 어르신 어록이다. 이런 글이 있다.

"내 손이고, 얼굴이고 자글자글 한 건 보겠는데, 내 자식 얼굴이랑, 손 쭈글어 지는 건 보기 싫다."

무문관일기

제46칙(2) | 2018. 8. 8 수요일

수개월 전부터 조계종이 많이 시끄럽다. 급기야 종정 스님께서 오늘 아침 교시를 내리기까지 하였다.

"조계 종지 종통(曹溪 宗旨 宗統)을 봉대(奉戴)하는 우리 승가(僧家)는 국민에게 심대한 심려(心慮)를 끼친 점에 매우 가슴 아파합니다. 살을 저미고 뼈를 깎는 자정(自淨)으로 구각(舊殼)을 벗고 국민의 뜻에 함께 하고자 합니다. …… 이제 우리 사부대중은 시시비비(是是非非)의 속박에서 벗어나 상호 자성(自省)과 용서(容恕)로써 수행본분(修行本分)으로 돌아가 대화합의 장(場)에서 우리 다함께 중지(衆志)를 모아 불교 중흥(中興)의 대장정(大長程)에 동참(同參)하여야 겠습니다. ……"

‘성평등불교연대’란 단체에서는 “추악한 권력싸움” 운운하였다. ‘불교개혁행동’은 ‘재가불자 결집 대회’를 개최한다고 하고 ‘선원수자회’ 등에서는 ‘전국 승려 대회’를 연다고 발표하였다.

세상 사람들은 하나같이 말한다. “정치권승을 몰아내야 한다. 총무원이 정치권승의 놀이터이다.” 문제는 간단하다. 정치권승이 탄생되지 않도록 제도를 없애면 된다. 지금의 총무원, 교육원, 포교원 제도는 불교발전과 홍포에 아무런 도움이 되지 않는다. 한국불교가 백척간두 진일보 하려면 제도의 멍에를 벗어던져야 한다.

제 47 칙

兜率三關(도솔삼관)

도솔의 세 가지 관문

가. 본칙(本則)

兜率悅和尙, 設三關問學者. 撥草參玄, 只圖見性. 卽今上人性在
甚處. 識得自性, 方脫生死. 眼光落時, 作麼生脫. 脫得生死, 便
知去處. 四大分離, 向甚處去.

도솔종열(兜率從悅) 큰스님은 세 개의 관문을 설치하여 수행자
들에게 물었다.

"풀숲을 헤치고 그윽함을 찾는 것은 오로지 자성(自性)을 보고
자 함이다.

바로 지금, 그대의 성품(性品)은 어디에 있는가?

자성(自性)을 알고 나면 바야흐로 삶과 죽음에서 벗어날 수 있
다. 그대의 눈빛이 땅에 떨어질 때, 어떻게 삶과 죽음에서 벗어나
겠는가?

삶과 죽음에서 벗어날 수 있다면, 곧바로 가는 곳을 알 수 있다.
그대의 사대(四大)가 각각 흩어질 때, 어디로 간다고 생각하는
가?"

無門曰. 若能下得此三轉語, 便可以隨處作主, 遇緣卽宗. 其或未然, 麤飡易飽, 細嚼難飢.

만약 이 세 가지 질문에 대해 제대로 답변할 수 있다면, 어디서나 주인이 될 수 있고 만나는 것마다 종지에 딱 들어맞을 것이다. 혹시 그렇지 못하다면 거친 음식을 먹어 배만 부르게 되고, 꼭꼭 씹어 보아도 배고픔을 면하기가 어렵게 된다.

頌曰. 一念普觀無量劫, 無量劫事卽如今. 如今覰破箇一念, 覰破如今覰底人.

무문 스님이 다시 게송으로 말하였다.
　　"한 생각 속에 두루 무량겁을 관하니,
　　무량겁의 일이 바로 지금의 일이로다.
　　지금 한 생각을 꿰뚫어 볼 수 있다면
　　보고 있는 그 사람 꿰뚫어 보리."

다. 무일강론(無一講論)

　인생(人生)에 있어서 참으로 본질적인 질문들이다. 요약하면 이러하다.

　첫째, 그대의 성품은 어디에 있는가?
　둘째, 죽음이 닥칠 때 어떻게 하겠는가?
　셋째, 죽은 뒤에 어디로 가는지 알겠는가?

　수행이란 이러한 주제 즉, 생사대사(生死大事)의 일대사(一大事)를 해결하기 위함이다.

　생각을 갖고 살아가는 존재(存在)라면, 그 누구이든 고민할 수밖에 없는 삶의 숙제이다. 이러한 근본문제 때문에 출가자가 생기고, 눈 밝은 선지식을 찾아 구도행각도 마다하지 않는 것이다. 수행자는 번뇌 망념의 잡초를 헤치고, 그윽함을 찾으려고 부단히 정진한다. 그 그윽함의 자리를 본성(本性), 자성(自性), 불성(佛性)이라고 한다. 이러한 성품(性品)을 보는 것을 견성(見性)이라고 하는데, 본다고 함은 직접 확인한다는 의미이다.

　중생(衆生)은 본래성불(本來成佛)이다.

자기 성품을 깨달아 본인이 스스로 청정한 부처라는 사실을 확인한다면 생사(生死)의 문제는 저절로 해결된다. 견성성불(見性成佛)은 번뇌 망념의 중생심(衆生心)에서 본래의 청정한 불심(佛心)으로 되돌아가는 것을 말한다.

'지금 그대의 성품은 어디 있는가!'

불성(佛性)의 자리를 여기서 당장 확인함은 자기정체성(自己正體性)을 드러내는 일이기도 하다. 그리하면 고(苦)의 대표격인 죽음에서도 벗어날 수 있다. 죽어도 죽는 게 아니다. 번뇌 망념의 속박에서 이미 벗어났는데 죽음인들 무슨 상관이 있겠는가?

죽음이라는 표현을 쓰지만, 살아 있으면서도 분별 작용에 떨어지면 그것 또한 임명종시(臨命終時)이다. 눈빛이 땅에 떨어졌다는 표현이 꼭 맞다. 우리는 수시로 임명종시를 맞는다. 그리고 눈빛이 희미해진다. 우리의 본성은 이러한 위기 상황에서 실참(實參)하는 자각(自覺)을 요구하는 것이다.

그리하여, 생각이 깨인 사람들은 자기의 본래심(本來心)으로써 지혜로운 생활을 하려고 노력하는 것이다. 이것이 곧 죽음이 닥칠 때 어떻게 해야 하는 것인지를 아는 일이며, 죽은 뒤에 어디로 가는지를 아는 일이기도 하다.

주체적 자각으로 시간, 공간의 주인이 되어 자신의 일에 몰입할 때 그 현실 그대로 진실된 깨달음의 세계가 전개된다.

참으로 한 물건 있어 홀로 드러나(獨有一物常獨露) 담연히 삶과 죽음을 따르지 않는다(湛然不隨於生死).

그 한 물건이 진정 내 것이다.

무문관일기

제47칙(1) | 2018. 8. 9 목요일

생사(生死) 문제를 해결해 보고져 무문관에 들어온 납자에게 늘 생사 문제가 눈에 띈다. 아침나절에는, 마른 섬돌을 길게 가던 지렁이들이 따가운 햇살을 이기지 못하고 여기저기 마른 채 오그라들었다. 마음이 편치 못하다.

점심나절에는 왕거미 한 마리가 자기보다도 서너 배 몸집이 큰 방아깨비를 낚아채서 허공에 매단 채로 식사를 하고 있다. 가만히 보니 줄을 넓게도 쳤다. 기와 처마의 서까래에서 시작하여 땅바닥의 바랭이까지 단단하게 엮었다. 분명, 방아깨비는 풀밭 위를 아무 생각 없이 뛰놀다가 거미줄의 끝자락에 걸렸고, 왕거미는 재빨리 때를 놓치지 않고 줄을 당겨 공중에 갖다 놓았으리라. 둘 간의 몸싸움이 있었던지, 만다라처럼 질서 있어야 할 거미집이 많이 찢어져 있다.

지금 내가 할 수 있는 일은 없다. 방아깨비는, 이미 예리한 지느러미가 망가졌고, 멋있고 긴 다리 또한 오랏줄에 꽁꽁 묶였다. 지

혜 모자라 잡힌 방아깨비를 거들자니, 밤새 야간작업 하여 먹잇감
을 사냥한 왕거미에게 미안한 일이 될 터, 그저 지켜볼 뿐이다. 벌
레에게, 그대의 성품이 어디 있느냐고 묻기도 그렇다.

무문관일기

제47칙(2) | 2018. 8. 10 금요일

나는 전화를 잘 받지 않는다. 정진 중에는 망상거리도 되거니
와, 시답잖은 내용이 대부분이기 때문이다. 전화를 받지 않기 위
해서 무음으로 해 놓고, 부재중 전화나 들어온 문자를 아주 가끔
씩 확인하는 정도이다.

저녁시간에 폰을 보는데, 종무원들의 부재중 전화가 찍혀 있다.
그리고 보는 즉시 연락 달라는 문자가 와 있었다.

먼저 순서에 의해, 종무소 수향 팀장에게 전화를 하였더니 울먹
이며 전화를 받는다.

"살아 계시네요. 큰스님 입적하셨다고 난리인데요."

그래서 내가 눈치채고 말했다.

“나는 영가다.”

“스님, 한두 사람이 아니고, 불교계 기자들이 죄다 큰스님 돌아가셨다고 연락이 와서 당황했습니다. 살아 계시니 다행입니다.”

“그래, 선방에 꼼작 않고 가만히 들어 앉아 있으니 걱정 마라.”

가짜 뉴스를 만드는 사람들이 좀 지나치다. 나를 아주 가지고 논다. 그 덕분에 오늘은 부활까지 하게 되었다. 본래 성품이 늘 그 자리이니 불생불멸(不生不滅)이요, 불거불래(不去不來)이다. 죽음도 없고, 죽음이 없으니 어디 가는 일도 없다.

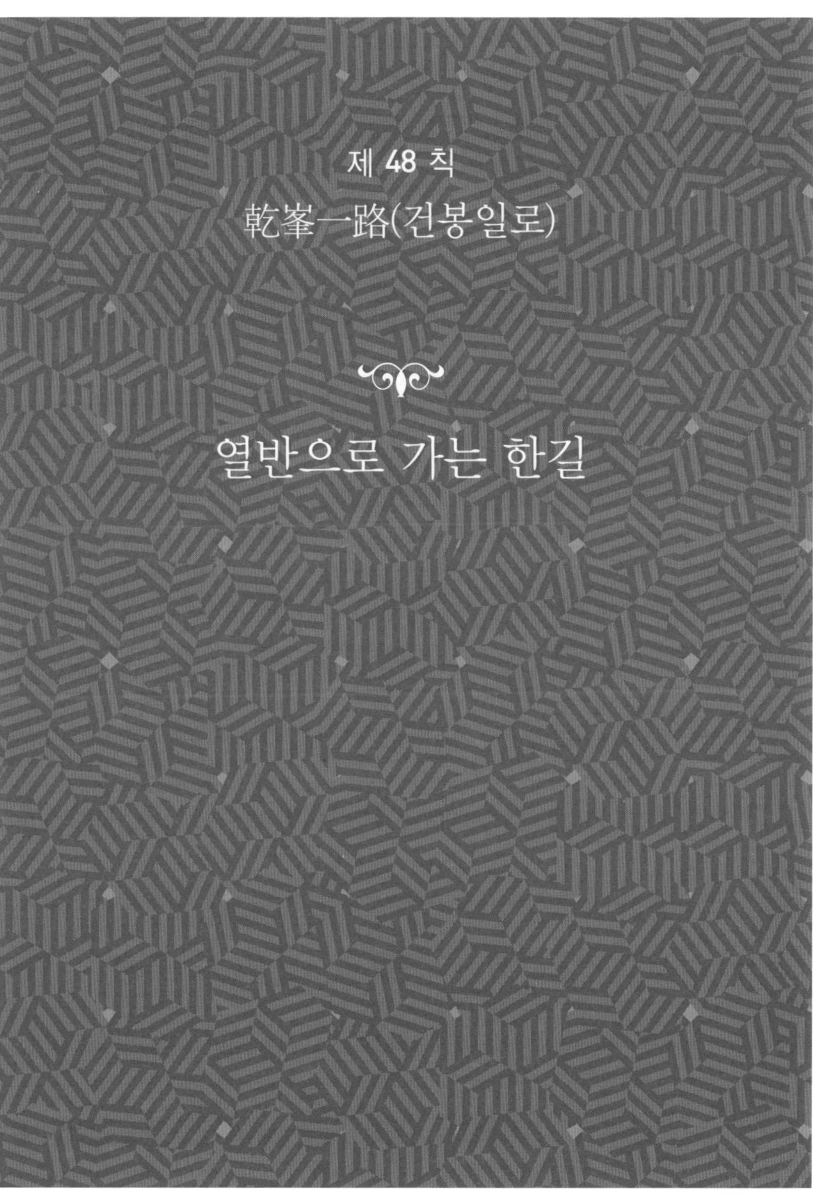
제 48 칙
乾峯一路(건봉일로)

열반으로 가는 한길

가. 본칙(本則)

乾峯和尙, 因僧問, 十方薄伽梵, 一路涅槃門. 未審路頭在甚麽
處. 峯拈起拄杖, 劃一劃云, 在者裏. 後僧請益雲門. 門拈起扇子
云, 扇子𨁝跳上三十三天, 築著帝釋鼻孔. 東海鯉魚, 打一棒雨似
盆傾.

한 스님이 건봉(乾峯) 큰스님에게 물었다.

"시방의 모든 부처님들은 한길로 열반의 문에 이르렀다고 합니
다. 그런데 그 길이 어디에 있는지 아직 모르겠습니다."

그러자 건봉 큰스님은 주장자를 들어 허공에 한 획을 긋고 일렀
다.

"이 안에 있느니라."

뒤에 그 스님이 운문 큰스님에게 자세한 설명을 부탁하였더니,
큰스님은 부채를 집어 들고 이렇게 말했다.

"이 부채가 뛰어올라 33천에 이르러 제석천의 콧구멍을 쑤시
고, 다시 동해의 잉어를 치니 한 방에 물동이를 기울인 것처럼 큰
비가 쏟아지는구나."

나. 평창(評唱) 및 송(頌)

無門曰. 一人向深深海底行, 簸土揚塵. 一人於高高山頂立, 白浪
滔天. 把定放行, 各出一隻手, 扶竪宗乘. 大似兩箇馳子相撞著.
世上應無直底人. 正眼觀來, 二大老總未識路頭在.

한 사람은 깊고 깊은 바닷속으로 가 흙을 일어 자욱한 먼지를
일으키고, 또 한 사람은 높고 높은 산꼭대기에 서서 하얀 파도를
하늘 끝까지 일으킨다. 쥐는 것과 놓는 것을 뜻대로 하여, 각자 한
손씩 내밀어 선(禪)의 종지를 붙들어 세운 것이다. 마치 두 마리
낙타가 서로 부딪치는 것과 같으니, 세상에서는 이에 대응할 사람
이 없도다. 바른 눈으로 살펴보건대, 건봉과 운문 두 노장은 열반
으로 가는 길이 어디에 있는지 전혀 모르는구나.

頌曰. 未舉步時先已到, 未動舌時先說了. 直饒著著在機先, 更須
知有向上竅.

무문 스님이 다시 게송으로 말하였다.
　　"걸음을 떼기도 전에 벌써 거기에 이르렀고

혀를 움직이기 전에 벌써 다 말해 버렸다.

비록 한 수 한 수 기선을 제압했더라도

다시 향상(向上)의 도리가 있음을 알아야 하리라."

다. 무일강론(無一講論)

부처되는 길을 물었더니 한 스님은 허공에 주장자로 한 획을 그었고, 또 한 스님은 부채를 들고 허무맹랑한 애기나 해댄다. 여기에 대해서 무문 스님은 잘한 짓이 아닌 것처럼 말하는데, 그 이유는 향상(向上)의 도리(道理)가 부족하다는 것이다.

본칙이 무문관의 선(禪)에 대한 결론적 의도가 있는 게 분명하다. 강의나 책 서술의 핵심이 처음과 끝에 있음이 통상적인데 본 『무문관』도 예외가 아니다. 화두의 진수 무(無) 자에서 시작하더니 수행의 결론, 부처되는 길에서 막이 내린다.

부처되는 길이 무엇인가?

무분별지의 경계를 넘어 다시 구체적인 차별의 경계인 무분별후득지(無分別後得智)의 경계에 이르는 것을 말한다.

세상살이는 크게 세 가지로 분류할 수 있다.

첫째는 상대적 대립의 경계인데 순전히 업아(業我)의 세계이다.

즉, 유심(有心)으로 살아가면서 가유(假有)에 매여 허덕인다. 차방예토(此方穢土)를 그 공간으로 삼는다. 산은 산이요 물은 물이다.

둘째는 절대적 평등의 경계인데 완전한 무아(無我)의 세계이다. 즉, 무심(無心)으로 살아가면서 진공(眞空)을 자양분으로 삼는다. 현실을 철저히 부정하고 타방정토를 꿈꾼다. 산은 산이 아니요, 물은 물이 아니다.

셋째는 절대적 평등의 경계를 넘어선, 구체적 차별의 세상인데 바야흐로 온통 하나로 열린 대아(大我)의 세계이다. 즉, 여여심(如如心)으로 살아가면서 진공묘유(眞空妙有)의 재미를 만끽한다. 그토록 원망하고 부정하였던 현실을 다시 긍정하고 받아들이면서 차방정토(此方淨土) 건설을 책임진다. 다시, 산은 산이요 물은 물이다.

여기 세 번째가 곧 구경(究竟)이요, 완전한 부처의 자리이다.

건봉일로(乾峯一路)!

열반으로 통하는 외통수의 길, 향상의 도리는 눈앞에 명백하게 드러나 있다. 그쪽으로 향하기만 하면 된다. 이미 그곳에 이르렀으니 지도(至道)는 무난(無難)이라 하는 것이다.

무문관일기

제48칙(1) | 2018. 8. 13 월요일

바야흐로 작금의 불교는 명상, 힐링이 대세이다. 명상, 힐링이 없는 불교는 이미 불교가 아니다. 그런데, 요즘 와서 부쩍 명상, 힐링을 떠드는 사람은 많으나 구체적인 방법을 제시하고 누구나 쉽게 체험할 수 있는 도량은 별로 없다. 그래서 나는 세계명상센터를 진작부터 구상하고 하나하나 만들어 왔는데, 드디어 완성 단계에 이르렀다. 오늘, 해변힐링마을의 준공검사가 떨어짐으로써 산과 바다를 갖춘, 명실상부한 세계적인 명상 메카가 탄생된 것이다. 이는 곧 깨어 있는 우리 엘리트 불자들의 원력 소산으로, 참으로 스스로 자긍심이 될 만한 대작불사이다.

세계명상센터는 천혜의 자연환경과 더불어, 많은 인위적 공을 들였다. 특히, 해변힐링마을은 몽돌해변을 끼고 있으면서 잘 갖추어진 요사채, 선방, 기도법당, 카페테리아가 큰 명물거리가 될 것이다. 그리고 16나한을 비롯, 여러 재질의 많은 부처님들이 모셔짐으로 불교적 명상을 원하는 많은 국민과 불자들로부터 각광을 받을 것이다. 앞으로 한두 달 내부시설을 갖추면, 10월 14일쯤 정식 낙성을 할 것으로 보인다. 우리는 지금, 여기서 스스로를 깨닫고 행복할 수 있게 되었다. 참으로 경사스러운 일이다.

무문관일기

제48칙(2) | 2018. 8. 14 화요일

요 며칠간, 산과 바다를 왔다 갔다 하느라 바쁘다. 명상힐링 도량을 만든답시고, 당장의 명상힐링을 등한시하는 듯하여 왠지 허전하다. 일하러 온 한 처사가 나더러 총무원장을 하라는 말을 듣고 귀가 다 먹먹하다. 그렇지 않아도 한 일주일, 오후 시간만 되면 기가 빠지는 듯 귀 건강에 적신호가 오는데 되도 안한 헛소리를 듣고 나니 여러 번 귀가 씻어진다.

지금 나는 할 일이 많다. 16나한상을 제대로 모셔야 되고, 폐사지에서 모셔온 미륵삼존불도 정위치 해야 한다. 각 층, 법당의 불단을 맞추어야 하고, 카페테리아 내부시설도 신경을 쓰고 있다. 유리창 커튼은 물론, 내부 냄새 제거도 큰일이다. 곧 사방불의 일부가 모셔지고 수월관세음보살이 완성되면 모든 신도님들이 편히 찾을 수 있는 공간이 될 것이다. 간판 및 이정표도 제작에 들어갔으니 곧 모든 불사가 마무리 되리라고 본다.

B.U.D 山海 세계명상센터 5가피를 소개한다.

山好海好 : 산에서도 좋고 바다에서도 좋고
山放海放 : 산에서도 놓아버리고 바다에서도 놓아버리고
山癒海癒 : 산에서도 힐링하고 바다에서도 힐링하고
山幸海幸 : 산에서도 행복하고 바다에서도 행복하고
山蓮海連 : 산에서도 연꽃 피고 바다에서도 연꽃 피고…

무문관 용맹정진일기14

무문관 수행 일기와 함께 보는
무문 혜개 스님의 무문관 강론

무 문(下)

2018년 11월 15일 초판1쇄 인쇄
2018년 11월 15일 초판1쇄 발행

—

글　　　　無― 우학 큰스님
펴낸곳　　도서출판 좋은인연(한국불교대학 부속출판사)
　　　　　편집 / 김현미 모상미 김규미
　　　　　등록 / 제4-88호
　　　　　주소 / 대구 남구 중앙대로 126
　　　　　전화 / 053-475-3707~6
　　　　　홈페이지 / http://book.tvbuddha.org
　　　　　한국불교대학 홈페이지 / **한국불교대학**
　　　　　한국불교대학 다음카페 / **불교인드라망**

—

ISBN　　　978-89-93040-83-8(04220) Set
　　　　　978-89-93040-84-5(04220) 1
　　　　　978-89-93040-85-2(04220) 2